FILOSOFIA PARA O DIA A DIA

UM GUIA PRÁTICO

TREVOR CURNOW

FILOSOFIA PARA O DIA A DIA

UM GUIA PRÁTICO

Tradução de IURI ABREU

L&PM EDITORES

Texto de acordo com a nova ortografia.

Título original: *Philosophy for Everyday Life – A Practical Guide*

1ª edição: verão de 2016
Esta reimpressão: inverno de 2017

Capa: Icon Books. *Adaptação*: Carla Born
Tradução: Iuri Abreu
Preparação: Elisângela Rosa dos Santos
Revisão: Lia Cremonese

CIP-Brasil. Catalogação na publicação
Sindicato Nacional dos Editores de Livros, RJ

C984f

Curnow, Trevor
  Filosofia para o dia a dia: um guia prático / Trevor Curnow; tradução Iuri Abreu. – Porto Alegre, RS: L&PM, 2017.
  168 p. ; 21 cm.

  Tradução de: *Philosophy for Everyday Life – A Practical Guide*
  Inclui índice
  ISBN 978-85-254-3187-5

  1. Filosofia. 2. Técnicas de autoajuda. I. Título.

14-17102   CDD: 158.1
                                 CDU: 159.947

© Trevor Curnow, 2014

Todos os direitos desta edição reservados a L&PM Editores
Rua Comendador Coruja, 314, loja 9 – Floresta – 90220-180
Porto Alegre – RS – Brasil / Fone: 51.3225.5777
Pedidos & Depto. comercial: vendas@lpm.com.br
Fale conosco: info@lpm.com.br
www.lpm.com.br

Impresso no Brasil
Inverno de 2017

Para Nicky
Por tudo, mas sobretudo pela diversão

Agradecimentos

Obrigado a Katie Roden por me trazer este projeto, a Duncan Heath e Harry Scoble, da Icon Books, pelo suporte editorial e a Nicky Metcalfe Meer por ser a minha musa.

Sumário

Introdução 9
1. A vida examinada 13
2. Não acredito! 18
3. Eu mentiria para você? 24
4. Pensando direito 29
5. Qual é a diferença? 37
6. Levando para o lado pessoal 43
7. Tenho meus princípios 49
8. O que acontece agora? 54
9. Você não pode fazer isso! 60
10. Não tive escolha! 66
11. Chegou a hora? 72
12. Como foi para você? 78
13. A vida não se resume a compras! 84
14. O que significa? 90
15. Quem é você? 96
16. E daí? 102
17. Não é justo! 108
18. Tenho meus direitos! 114

19. Vale tudo?..120
20. Você e eu 126
21. Verdade e consequências 132
22. Cuidado com o que fala!..137
23. Uma questão de vida e morte...............................143
24. Quem disse?..149
25. A vida examinada revisitada................................155

LEITURAS RECOMENDADAS..158
ÍNDICE REMISSIVO 160
SOBRE O AUTOR 167

Introdução

De que adianta estudar filosofia se não para melhorar o seu pensamento sobre as questões importantes do dia a dia?
Ludwig Wittgenstein

O que a filosofia tem a ver com o dia a dia? Tudo! Na verdade, é exatamente para o dia a dia que serve a filosofia. Séculos antes de aparecer o primeiro livro de "autoajuda", as pessoas voltavam-se para a filosofia em busca de orientação sobre como viver. Este livro mostrará como a filosofia pode ajudar a melhorar o seu pensamento sobre o dia a dia. E, ao melhorar a qualidade de seu *pensamento*, você pode, por consequência, melhorar a qualidade da sua *vida*. Pode parecer uma alegação audaciosa, mas é feita com base em uma ideia bastante simples: o modo de pensar influencia o modo de agir. Se você acredita que uma estrada leva aonde quer ir, você a seguirá. Se você acredita que leva no sentido oposto, não a seguirá. Se o que você pensa está certo, chegará aonde deseja ir. Se o que você pensa está errado, isso não acontecerá. Pensar de um jeito leva ao sucesso; pensar de outro jeito leva ao fracasso. É por isso que melhorar o seu raciocínio leva a uma melhor tomada de decisões, e tomar decisões melhores leva a uma vida melhor.

Porém, podem-se cometer erros por uma série de motivos, e infelizmente a filosofia não vai resolver todos os problemas da vida. Ela não ajudará a ganhar na loteria nem a ficar mais atraente aos olhos dos outros. O que ela fará é deixar você mais ciente do que pensa e por quê. Assim que se torna *ciente* do que pensa, você pode *desafiar* isso e *mudar*.

Já estamos realmente cientes do que pensamos e por quê? Sim, mas só até certo ponto. Você passa boa parte da vida no piloto automático mental e carrega por aí uma bagagem enorme com a qual até se esquece de ter embarcado. Se a nossa mente fosse uma biblioteca, vários livros nas prateleiras teriam adquirido uma camada espessa de pó. É provável que muitos estivessem desatualizados ou guardados no lugar errado, e o bibliotecário já teria ido embora há séculos, sem que ninguém ficasse no comando. Contudo, se ninguém está administrando as coisas, então as coisas podem estar nos administrando; se você não está no controle de seu pensamento e de suas crenças, então eles podem estar controlando você. A filosofia ajuda a recuperar o controle sobre a sua forma de pensar. A filosofia ajuda a pensar por si mesmo.

Longe de ser o tipo de exercício teórico abstrato e inútil que algumas pessoas parecem presumir que ela seja, a filosofia tem uma longa história de relevância e radicalismo. É por isso que os filósofos foram, por vezes, vítimas de perseguição. Entre a execução de Sócrates em 399 a.C. e a morte sob interrogatório de Jan Patočka em 1977, muitos filósofos sofreram de alguma maneira por suas crenças. A filosofia pode ser um negócio arriscado, sobretudo se pensar por si mesmo leve a ter opiniões impopulares.

Este livro não é um curso de filosofia, mas ao lê-lo você se tornará mais ciente do que pensa sobre várias coisas e por quê. Como resultado, talvez mude a forma pela qual aborda algumas das questões da vida. Mesmo que a sua forma de pensar não mude, você deve chegar a uma melhor compreensão de por que pensa do jeito que pensa.

Cada capítulo oferece algo diferente para pensar a respeito e algo para fazer. Pode-se escolher entre vários tópicos diferentes, e não importa muito a ordem em que você avance, embora eu recomende ler o Capítulo 1 primeiro e o Capítulo 25 por último. De resto, sinta-se à vontade para examinar qualquer tópico que seja de seu interesse. Você vai se deparar muitas vezes com o sinal → seguido de um número. Ele o direciona a outro capítulo do livro que tenha algo a dizer sobre um tópico relacionado. Você pode usar essas setas para construir um percurso próprio ao longo deste livro.

Alguns problemas que encontrará vêm atormentando os filósofos há séculos, por isso vá com calma. Muitas vezes não há uma resposta definitiva ou um consenso, mas você sempre receberá diretrizes para ajudá-lo a abordar o problema de um modo construtivo. O final da maior parte dos capítulos traz para você algo sobre o que pensar, mas não faça isso apenas uma vez e esqueça; repita várias vezes até que se torne instintivo.

Este livro não é uma história da filosofia. Contudo, como essa história contém muitos personagens interessantes, você encontrará esboços curtos sobre alguns dos mais interessantes deles espalhados pelo texto. Eles vão acompanhá-lo em sua jornada; assim, você estará em boa companhia.

Agora é hora de dar o primeiro passo.

O trabalho na filosofia é, em grande medida, um trabalho sobre nós mesmos. Sobre a própria concepção. Sobre o modo como vemos as coisas.

Ludwig Wittgenstein

1. A vida examinada

A vida, sem ser examinada, não vale a pena ser vivida.

Sócrates

 **DO QUE SE TRATA?** A filosofia convida-nos a examinar a nossa vida e oferece os meios para tanto. Ao se conscientizar sobre o que você acredita, pode desafiar suas crenças e, se assim o desejar, mudá-las.

Sócrates é um dos filósofos mais famosos de todos os tempos e passou boa parte do próprio tempo circulando e irritando as pessoas. Filósofos, e filosofia, podem ser irritantes. É fácil nos sentirmos à vontade com as ideias e opiniões que temos, estejam certas ou erradas. Se forem desafiadas, podemos começar a nos sentir bastante desconfortáveis. O que Sócrates descobriu foi que, se você questionar as pessoas com persistência sobre as coisas que pensam que sabem, mesmo se forem especialistas no assunto, com frequência percebem que é difícil propor explicações ou justificativas satisfatórias. Como se poderia esperar, poucas pessoas em Atenas o agradeceram pela chateação, e ele se tornou bastante impopular entre determinadas camadas da sociedade ateniense. Embora não tenha sido, absolutamente, o primeiro filósofo, parece que ele foi o primeiro a fazer do questionamento constante a base de sua abordagem. Foi por meio de um questionamento constante que Sócrates examinou a própria vida e a dos outros.

FIGURA CHAVE

Sócrates (469-399 a.C.)
Obras mais importantes: ele próprio não escreveu nada, mas seu pupilo Platão escreveu muito sobre ele.

Sócrates tornou-se um herói para seus seguidores, mas seus inimigos conseguiram condená-lo à morte em Atenas por "corromper a mente dos jovens". Ele morreu envenenado por cicuta. O nome de sua esposa, Xantipa, desde então passou a ser uma palavra que significa "mulher mal-humorada"!

A filosofia ajuda a examinar a sua vida, questionando o que você pensa, no que acredita e o que alega saber. Ao desafiar ideias e crenças, exigindo a reflexão sobre elas, a filosofia nos torna mais cientes do motivo de as termos. Expressar uma opinião é muito fácil; difícil mesmo é justificá-la. Você coleta várias ideias e crenças no caminho pela vida e, assim como hábitos, pode adquirir coisas boas e ruins. Pode acabar sendo fácil demais esquecer como ou por que as assimila, e algumas talvez estejam com você por tanto tempo que esquece tê-las de fato *adquirido* um dia. Pode-se ter a sensação de que sempre estiveram com você.

Assim que começa a refletir sobre suas crenças, você percebe que é difícil justificar algumas delas para si mesmo! Por exemplo, a maioria das pessoas que vota nas eleições tende a votar sempre no mesmo partido. O número de pessoas que troca de voto de um partido para outro é bastante reduzido. Quando você vota pela primeira vez, pode ter passado por um longo processo de deliberação, mas por volta da décima vez talvez tenha se tornado mais uma questão de hábito. No entanto, o que parecia ser um bom motivo para votar em determinado partido quando você tinha vinte anos talvez não seja tão bom assim quando tiver sessenta. Ao pensar sobre isso, você pode descobrir que nem lembra mais ou, se conseguir lembrar, não mais concorda com os motivos pelos quais tinha diversas opiniões. Durante a vida, você pode mudar a aparência, mas é comum se esquecer de mudar o modo de pensar.

Ao perceber que adquiriu algo, você também percebe que talvez *não* quisesse ter feito isso. Ao perceber que algo é opcional, você também percebe que é livre para aceitá-lo ou rejeitá-lo. Nesse sentido, a filosofia é libertadora porque, ao proporcionar maior consciência de suas ideias e crenças, também oferece maior controle sobre elas. Você não precisa ser prisioneiro do próprio passado. Ao se tornar ciente de que tomou uma decisão, você também se torna ciente de que pode mudar de ideia, assim como pode mudar a própria aparência.

Ao desafiar as ideias e crenças que sabe ter, você também pode trazer à tona outras que há muito espreitavam abaixo do limite de sua consciência. A vida está sempre sendo modelada por uma série de suposições sobre as quais talvez nem cheguemos a pensar de um modo consciente. Muitas delas são adquiridas na infância. Antes de se tornar totalmente ciente delas, você não pode começar a examiná-las e, antes de examiná-las, não pode decidir se concorda ou não com elas. A filosofia não é como a psicanálise. Não estou falando de ideias reprimidas porque você se sente culpado por elas. Estou falando de ideias que parece que você sempre teve. Essas ideias modelam nossa visão do que é "natural" e "normal". (→ 15)

Depois de examinar o que pensa, o que acredita e o que alega saber, você pode passar a ver o mundo, e talvez a si próprio, de um jeito bem diferente. Se removeu erros e inconsistências, se descartou ideias que veio a considerar injustificáveis, poderá ver o mundo não só de um jeito diferente, mas também melhor. Para Sócrates, a vida examinada não era apenas uma opção, mas um aprimoramento. Se você tem uma compreensão melhor das coisas, deverá viver uma vida melhor. Um princípio básico subjacente à abordagem que adoto neste livro é o de que as crenças modelam as percepções e as percepções modelam as ações. Poucas pessoas precisam ser persuadidas de que é uma boa ideia sair de uma casa que está pegando fogo. Assim que se vê que ela está em chamas, não há muito a pensar em termos do que fazer. Se você vê as coisas de modo diferente, responderá a elas de modo diferente. Em homenagem a Sócrates, o primeiro exercício é um célebre enigma filosófico associado a ele.

O dilema de Eutífron é assim chamado devido à personagem interrogada por Sócrates no diálogo de Platão de mesmo nome. O problema com o qual Sócrates confronta Eutífron é o seguinte: os deuses amam o que é bom por ser bom ou algo é bom por ser amado pelos deuses?

As implicações iniciais do dilema são bem objetivas. Se (a) os deuses amam o que é bom por ser bom, então o que quer que seja bom é bom sem importar a opinião dos deuses. Se, por outro lado, (b) algo é bom porque os deuses o amam, então eles bem que poderiam, em vez disso, amar outra coisa.

Se (a) for o caso, então os deuses não têm função alguma no estabelecimento das bases de valores morais. Se (b) for verdadeiro, eles têm uma função a exercer, mas o que é bom nada mais é do que o que eles amam por acaso. Se (a) for o caso, a moralidade é independente da religião. Se (b) for o caso, a moralidade é bastante instável (os antigos deuses gregos eram notoriamente volúveis!).

Os dilemas só são problemáticos se nenhum desfecho for atraente. Um ateu não se incomodaria com isso, porque poderia aceitar de bom grado as implicações de (a) e não se importar com (b). No entanto, o dilema é bastante problemático para quem deseja valores morais na religião, porque nenhuma das duas metades parece confortável.

No final do diálogo de Platão, Eutífron meramente pede licença e vai embora. Ele já atingira a cota máxima de vida examinada para um dia. Porém, o dilema de Eutífron ainda é relevante, inclusive para o dia a dia. Por exemplo, muitas pessoas dizem que a moralidade está em declínio porque a religião está em declínio e que a retomada de uma levaria à restauração da outra. O dilema de Eutífron apresenta um sério desafio a essa visão. Algo é moralmente bom porque determinada religião o aprova ou é aprovado por determinada religião por ser moralmente bom? O dilema também tem uma aplicação mais ampla. Por exemplo, uma obra de arte é boa porque as pessoas a apreciam ou é apreciada por ser boa? Um estilo de vestuário está na moda porque várias pessoas o usam ou é usado por muitas pessoas por estar na moda?

 Veja se você consegue pensar em outros exemplos do dilema de Eutífron. Existem coisas que você aprova porque outras pessoas as aprovam?

A filosofia, se não pode responder a tantas questões quanto gostaríamos, tem ao menos a capacidade de formular perguntas que aumentam o interesse do mundo, mostrando a estranheza e a maravilha contidas logo abaixo da superfície, mesmo nas coisas mais banais da vida.

Bertrand Russell

2. Não acredito!

Jamais acredite no que não se pode duvidar.

Robin Skelton

DO QUE SE TRATA?
Se você acredita em tudo o que ouve, é um tolo; mais dia menos dia, todos os picaretas da área vão acabar batendo à sua porta. Mas como você decide no que acreditar e no que não acreditar? Esse é o problema. E os filósofos tentam resolvê-lo há séculos.

Não adianta fazer perguntas se for para acreditar em qualquer resposta dada. Não adianta fazer perguntas se for para *duvidar* de qualquer resposta dada. Como atingir o equilíbrio no dia a dia entre credulidade e incredulidade? Embora seja um problema que tenha de ser enfrentado por todos os filósofos, os especialistas na área da dúvida são os céticos.

O ceticismo tem uma longa história. Há uma teoria de que teve origem na Índia e de que foi levada para a Europa por Pirro de Élis (*c.* 360- *c.*270 a.C.). Sendo ou não verdade, Pirro costuma ser considerado o fundador do ceticismo ocidental e, por isso, o ceticismo é por vezes chamado de pirronismo em sua homenagem. O sentido original da palavra grega "cético" era apenas de alguém que faz perguntas. O pirronismo às vezes é diferenciado do que se chama de moderno ceticismo, cujo início normalmente se atribui a Descartes. Há diferenças importantes entre os dois, e ambos serão analisados neste capítulo.

FIGURA CHAVE

René Descartes (1596-1650)
Obras mais importantes: *Discurso do método, Meditações sobre a filosofia primeira.*

Descartes serviu vários anos no exército. Ele morreu na Suécia, onde foi convidado a ser professor da rainha Cristina. Ele gostava de ficar na cama a manhã toda, mas ela insistia em começar as aulas às cinco da manhã!

A forma de ceticismo associada a Descartes por vezes é chamada de "dúvida sistemática". Ele inventou um experimento mental para descobrir se havia algum limite ao que se podia duvidar. Eis o mesmo experimento para você tentar...

Descartes decidiu descobrir se poderia duvidar absolutamente de tudo. Ele imaginou que havia um demônio maligno cuja única função e prazer na vida era enganá-lo. Isso significaria que, por mais certo que algo parecesse, poderia ser apenas o demônio tentando enganá-lo. No final, porém, Descartes descobriu algo do qual não podia duvidar, por mais poderoso ou astucioso que fosse o demônio. Você acha que existe alguma coisa da qual não seja possível duvidar?

Descartes descobriu, de forma memorável, que a única coisa da qual não poderia duvidar era de sua capacidade de pensar. Ele expressou essa descoberta em latim: "*Cogito ergo sum*", que significa "Penso, logo existo!". Ele não podia duvidar da própria existência, pois tinha de existir para poder duvidar dela! Contudo, não era apenas o fato de duvidar que confirmava a própria existência. Qualquer tipo de raciocínio tinha o mesmo resultado, pois ele tinha de existir para poder pensar. Mesmo que acreditasse que algo estivesse totalmente errado, ele tinha de existir para acreditar nisso.

O experimento de Descartes nada mais era do que um experimento. Para ele, o experimento não terminou em dúvida, e sim em certeza. Tendo se convencido de que existia, ele conseguiu se convencer de que Deus também existia e de que havia dado a ele todas as bases para o conhecimento necessário. Outros ficaram menos convencidos; longe de encerrar o assunto, muitos que sucederam Descartes sentiram que ele demonstrara o poder da dúvida sem descobrir o antídoto para isso.

Descartes suscitou a questão de quando é *possível* duvidar, e o fato é que quase sempre é possível. Porém, críticos modernos do ceticismo tendem a se concentrar em outra questão: quando é *razoável* duvidar? Só porque eu *posso* fazer algo não significa que seja razoável fazê-lo. O fato de eu poder dirigir um veículo em alta velocidade em uma área exclusiva para pedestres não faz disso uma boa ideia; na verdade, posso pensar em uma série de motivos convincentes para não fazê-lo.

Onde você está lendo este livro? Você consegue pensar em um bom motivo para duvidar de que esteja realmente aí? Se sim, qual? Se não, você saberia dizer qual poderia ser esse bom motivo?

Devo presumir que a maioria dos leitores não duvida seriamente do lugar onde se encontra neste momento e, por isso, darei mais atenção à última parte da pergunta. Por que eu poderia duvidar de que realmente estou onde acredito que estou? Uma possibilidade óbvia é que eu posso estar sonhando. Nesse caso, eu estaria na minha cama, mas o local do meu sonho, onde parece que estou ao ler isto, seria outro lugar. No entanto, geralmente não preciso de muito tempo para estabelecer se estou acordado ou não, então é improvável que a minha dúvida, mesmo que razoável, também dure muito tempo.

É relativamente fácil pensar nas circunstâncias em que a dúvida é irracional. É mais difícil dizer quanto da dúvida *é* razoável. Os céticos antigos, como Pirro, adotavam uma abordagem bastante diferente, que evitava o confronto desse problema. Para eles, parecia evidente que tendemos a crer em coisas com base nas evidências inadequadas, o que é um mau hábito. Eles acreditavam que, se não se pode ter certeza de algo, então a única resposta racional é se privar de formar uma opinião a respeito. Eles não se preocupavam muito com a possibilidade de estar equivocado, mas em talvez estar infeliz. Formar uma opinião que possa se mostrar incorreta é pavimentar o caminho para a decepção. Já que você não *precisa* formar opiniões, pode evitar se decepcionar. A formação de opiniões é uma fonte potencial de sofrimento desnecessário, porque você se prende às opiniões formadas. A antiga forma cética de expressar isso era que é preciso "suspender o julgamento" das coisas. Contava-se a história de que Pirro tinha de ser seguido por seus amigos para o caso em que "suspendesse o julgamento" com relação a estar ou não na beira de um penhasco e caísse nele! Uma vez que Pirro atingiu a velhice, a história não passa de pura invenção, ou ele tinha vários amigos com muito tempo ocioso.

FIGURA CHAVE

Pirro de Élis (*c*. 360- *c*. 270 a.C.)
Obras mais importantes: não é conhecido por não ter deixado nenhum escrito.

Pirro passou a maior parte da vida no sul da Grécia e pode ter sido pintor por algum tempo. Ele viajou para a Pérsia e a Índia com o exército de Alexandre, o Grande.

Essa história sobre Pirro reflete um problema básico do ceticismo: a suspensão do julgamento torna o dia a dia quase impossível. Se não há motivo para fazer isso em vez daquilo, como se pode tomar uma decisão? Parece que estamos na posição do asno de Buridan. (→ 10) Felizmente, os céticos foram sensatos o bastante para ver tanto o problema quanto uma solução para ele. Quando não se pode ter certeza, escolhe-se a opção mais provável, e a opção mais provável é aquela apoiada pelo maior número de pessoas. Dessa forma, se a maioria das pessoas acredita que algo é um penhasco, então, para fins práticos, deve-se preferir essa opção. Por consequência, e talvez de maneira um pouco surpreendente, embora a posição filosófica deles tenha sido radical, os céticos eram, em geral, conformistas, pois tendiam a tomar o partido da maioria.

Os céticos antigos agarravam-se ao fato de que temos o hábito de criar problemas para nós mesmos; por isso, a solução para tais problemas é simplesmente parar de criá-los. Se não existe a necessidade de assumir uma posição forte sobre algo quando, na melhor das hipóteses, as evidências sustentam uma posição fraca, então de nada adianta fazer isso. Os céticos não argumentavam que jamais se pode saber coisa alguma, apenas que se deve exigir evidência incontestável antes de concordar com algo. Segundo esse ponto de vista, era improvável isso algum dia acontecer, mas não podiam descartar tal possibilidade. Para fins práticos, nada disso importava, pois não precisamos de evidências incontestáveis para viver. Se todos estão comendo o mesmo alimento e ninguém mostra sinais de intoxicação, isso já basta para mim. Se fico esperando evidências incontestáveis de que o alimento na minha frente não está envenenado antes de comê-lo, o resultado mais provável é que eu morra de fome. Para os antigos céticos, suspender o julgamento não tornava a vida impossível; só a tornava bem menos estressante.

Não se deve confundir ceticismo com incerteza. Por exemplo, o princípio da incerteza em física, conforme desenvolvido por Werner Heisenberg, afirma que algumas coisas *não podem* ser conhecidas, mesmo em tese. Essa visão não pertence ao ceticismo antigo, com sua suspensão do julgamento, nem ao moderno, com sua dúvida sistemática. Ela pertence ao dogmatismo, porque faz uma alegação categórica de que algo é verdadeiro. O que o ceticismo faz é nos convidar a desafiar; ele não exige a negação. Não acreditar em tudo o que se ouve (ou lê) é sempre um bom conselho.

 Na próxima vez em que você ler um artigo no jornal, pergunte a si mesmo: "Devo acreditar nisso ou tenho um bom motivo para duvidar?". E depois: "Faz alguma diferença se eu acredito ou não?". Os antigos céticos defendiam que a suspensão do julgamento deixava a vida menos estressante. Experimente você mesmo e veja se funciona.

A vida é dúvida.

Miguel de Unamuno

3. Eu mentiria para você?

O que é a verdade?

Pôncio Pilatos

Na história de George Washington e a cerejeira, o jovem George exclama que não "consegue contar uma mentira". Se isso for verdade, então ele era uma pessoa bastante incomum; a maioria das pessoas consegue, embora pareça que algumas têm mais facilidade do que outras. Se a verdade causa um mal desnecessário, a mentira é, por essência, algo ruim? E se todos mentissem o tempo todo?

A verdade é um dos principais tópicos da filosofia, mas, em última análise, só há duas perguntas importantes para fazer sobre ela. Primeiro, o que é a verdade? Segundo, o que se deve fazer com ela? A primeira pergunta é complexa e teórica demais para tentar ser respondida aqui, mas a segunda tem muito a ver com o dia a dia.

Felizmente, para fins práticos, você geralmente sabe se é casado ou não, quantos anos tem, onde mora, quanto dinheiro tem no banco, e assim por diante. Na prática, é raro se esforçar para estabelecer a verdade em assuntos tão banais; na verdade, você às vezes tenta evitá-la! De fato, a vida social pode algumas vezes depender dessa evasão. "Reginald on Besetting Sins", um conto de Saki, narra a história que dá o que pensar sobre "a mulher que dizia a verdade". Como resultado desse perigoso hábito, ela perde os amigos, a costureira e o cozinheiro. É fácil dizer que as pessoas sempre devem dizer a verdade; porém, assim que você começa a refletir sobre a questão, percebe que não acredita realmente nisso. De fato, a tarefa de contar a verdade está associada a uma rede complexa de convenções e suposições. A seguir apresento uma ilustração do que quero dizer, obtida por experiência pessoal. Quando eu estava viajando pela Caxemira na década de 1980, fui apresentado ao conceito do "papo de negócio". Papo de negócio significava que era admissível contar mentiras no processo de compra e venda. Embora jamais fosse dito de modo explícito, o motivo parecia ser que ninguém levava muito a sério o que se dizia no processo de barganha, por isso ninguém era enganado de verdade. Ninguém acreditava que a esposa e os filhos do vendedor de tapete seriam mesmo vendidos como escravos se o preço pedido não fosse acessível ou que o potencial comprador não tinha dinheiro algum. O exagero de um ou outro tipo era apenas parte do ritual e, contanto que algo fosse dito como parte desse ritual, estava isento das regras normais de se dizer a verdade. Desde que todos saibam e joguem pelas mesmas regras, pode-se argumentar que não há mal em agir dessa forma. No entanto, o turista desavisado que não conhece as regras e joga seguindo outras pode estar em clara desvantagem. Essa é a questão em termos de convenções: é preciso aprendê-las. Elas não são óbvias ou "naturais".

Faça uma lista de três coisas sobre as quais você acha que é permitido mentir. Tente não generalizar. "Dinheiro" é vago demais; "declarar o imposto de renda" é mais adequado. Assim que concluir a lista, pense ao menos em um motivo pelo qual você acha que é aceitável mentir sobre cada item.

É evidente que diferentes pessoas vão propor mentiras permissíveis e motivos distintos, por isso o debate sobre esse exercício deve prosseguir em termos bastante gerais. Via de regra, as justificativas para contar mentiras encaixam-se em duas categorias amplas. Ou as mentiras são consideradas triviais ou são contadas unicamente para não causar dano. O quê exatamente faz com que uma mentira seja "trivial" não é nada fácil de especificar. Por exemplo, pode ter a ver com o assunto ou com a intimidade (ou não) com a pessoa para quem a mentira é contada. De uma perspectiva mais cínica, a probabilidade de ser desmascarado pode modelar nossa opinião a respeito do que é ou não considerado "trivial".

Pode-se causar dano de várias formas e tamanhos; porém, quando se trata de contar mentiras, o dano emocional costuma estar no primeiro plano de nossas considerações. Ainda de modo cínico, pode ser o desejo de evitar dano a si mesmo o que está por trás da intenção mais do que o dano que se possa causar aos outros.

As duas categorias podem sobrepor-se, visto que o grau de trivialidade envolvido em uma mentira pode ser medido pelo nível de dano evitado. É somente quando você é honesto consigo mesmo sobre quando acha que é permitido contar mentiras que pode examinar e avaliar de forma adequada os motivos para tanto. Ou, então, você pode acreditar que nunca é admissível contar uma mentira sob circunstância alguma.

Assim como o "papo de negócio", algumas mentiras podem ser apenas uma questão de convenção social e, portanto, são esperadas, em vez de condenadas. Algumas podem ser tão esperadas que nem chegam a ser vistas como mentiras, e sim como boas maneiras. A menos que você esteja buscando conselho médico, a pergunta "Como vai você?" quase nunca espera a verdade em resposta, e responder falando a verdade, toda a verdade e nada além da verdade pode ser visto como uma indicação de que você não entendeu a convenção. (→ 12)

 Eis algo mais para pensar. Alguém para quem trabalhei costumava dizer que "se meus lábios estão se movendo, estou mentindo". Para ele, tratava-se de uma piada (eu acho!). Contudo, se ele estava falando sério, o que está realmente querendo dizer?

Essa é uma variação moderna sobre um tema bastante antigo, muitas vezes chamado de problema do "mentiroso de Creta". Um homem cretense diz a você que os cretenses sempre mentem. Se ele estiver falando a verdade, então os cretenses sempre mentem. Porém se for cretense, deve estar mentindo. Isso significa que está mentindo e dizendo a verdade ao mesmo tempo. Se a pessoa que diz "quando meus lábios estão se movendo, estou mentindo" estiver falando a verdade, então também está mentindo, porque seus lábios estão se movendo! A dificuldade nos dois casos surge do fato de que as pessoas estão falando direta ou indiretamente sobre elas mesmas (isso se chama "autorreferência"). Se eu não sou de Creta e digo que os cretenses sempre mentem, então não existe a mesma dificuldade.

Não dizer a verdade não é o mesmo que mentir. Posso não dizer a verdade por uma série de razões, das quais a ignorância é provavelmente a mais comum. Quando minto, estou *ciente* de que não estou falando a verdade. Por terem em geral se fixado na verdade, relativamente poucos filósofos lidaram com a questão da mentira. Uma exceção que merece respeito pode ser encontrada na forma do ensaio "Dos mentirosos", de Montaigne.

FIGURA CHAVE Michel de Montaigne (1533-1592)
Obra mais importante: *Ensaios*.

Advogado, proprietário de terras e, por algum tempo, prefeito de Bordeaux, Montaigne escreveu sobre muitos tópicos diferentes, explorando as próprias opiniões. Ele admirava os filósofos antigos, sobretudo os estoicos e os céticos. E fizera para si mesmo uma medalha com a inscrição "O que eu sei?".

Montaigne ressalta que mentir exige imaginação, porque a mentira deve ser criada. Além disso, os mentirosos devem ter uma boa memória para lembrar o que inventaram. Para minimizar o risco de ser desmascarado, é melhor que a mentira seja totalmente diferente da verdade, a fim de evitar uma confusão entre as duas. Também se aconselha mentir de modo consistente; quem muda a história com regularidade pode estar na presença de duas ou mais pessoas que ouviram duas ou mais histórias diferentes, o que pode causar uma situação estranha!

O motivo pelo qual mentir como questão de educação ou parte de um ritual de negociação é aceitável para muitas pessoas é que não existe a intenção de ludibriar, o que é, em essência, um motivo moral. No entanto, há outro tipo de motivo pelo qual mentir é problemático.

Mentir como uma questão de rotina debilita os princípios básicos da comunicação humana. A mentira só faz sentido porque geralmente presumimos que a maioria das pessoas costuma dizer a verdade (→ 24). E se ninguém *jamais* dissesse a verdade? Se todos os cretenses *fossem* mentirosos, a comunicação entre eles teria sido bastante difícil. Como destaca Montaigne, "o oposto de uma verdade tem 100 mil formas". Imagine uma conversa entre dois mentirosos. Um diz "Eu moro em Londres", e o outro responde "Eu também". A única coisa que sabemos com certeza é que nenhum deles mora em Londres; o lugar onde realmente moram não passa de suposição. Se você quer se comunicar, então a verdade é um veículo eficiente; a mentira, não.

Na próxima vez em que você se sentir tentado a mentir, pare e pense nisso: qual é o motivo para mentir? É um bom motivo? Se não for, então pense de novo.

Há três tipos de mentiras: as mentiras, as mentiras deslavadas e as estatísticas!

Benjamin Disraeli

4. Pensando direito

– Pelo contrário – continuou Tweedledee –, se foi assim, podia ser; e, se fosse assim, seria; porém, como não é, não é. Isso é lógica.

Lewis Carroll

Há coisas que algumas pessoas fazem melhor do que outras, e uma dessas coisas é pensar. Quanto melhor a qualidade do raciocínio, melhor deverá ser a qualidade da tomada de decisão. E, quanto melhor a qualidade da tomada de decisão, melhor deverá ser a qualidade de vida. A lógica ajuda a pensar melhor e, portanto, ajuda a proporcionar uma qualidade de vida melhor. A lógica ajuda a pensar direito e, com isso, a não cometer erros.

Este livro não é um curso de filosofia. Apesar disso, a lógica é tão central à filosofia, ao modo como o pensamento filosófico funciona (ou deve funcionar), que é impossível simplesmente deixá-la de fora: este capítulo oferece uma breve introdução. Há vários tipos ou ramificações da lógica. Um deles é chamado de lógica indutiva (→ 8); este capítulo analisa a lógica dedutiva.

A teoria é a de que, se você seguir as regras da lógica, se raciocinar de modo correto, deverá ser impossível cogitar duas crenças incompatíveis ao mesmo tempo. A lógica não nos diz o que é verdadeiro ou falso, mas, em vez disso, o que não pode ser verdadeiro se algo mais for verdadeiro ou o que deve ser verdadeiro se algo mais for verdadeiro. Um argumento com validade lógica "preserva a verdade", e não a cria. Se você submeter afirmações verdadeiras a uma estrutura de argumento válida, obterá uma conclusão verdadeira. É mais fácil ilustrar isso com um exemplo. Eis um clássico:

Exemplo 1
Premissa 1: Todos os homens são mortais.
Premissa 2: Sócrates é homem.
Conclusão: Sócrates é mortal.

O que temos aqui consiste em forma e conteúdo. O conteúdo é fornecido pelos detalhes (homens, mortalidade, Sócrates), e a forma pela estrutura em que são apresentados. É mais fácil ver a estrutura do argumento se ele for despido até atingir as noções essenciais:

Todos os As são Bs.
X é A.
Portanto, X é B.

No entanto, é provavelmente mais fácil entender isso reformulando as frases:

Se algo é A, é B.
Isso é A.
Logo, isso é B.

Ou de outra maneira:

Se algo pertence ao grupo A (por ex.: homens), também pertence ao grupo B (por ex.: seres mortais).
Isso pertence ao grupo A.
Logo, isso pertence ao grupo B.

Dito dessa maneira, é evidente que o argumento é válido, além de sólido, sem importar o verdadeiro conteúdo atribuído a A e B. Assim:

Exemplo 2
Premissa 1: Todos os homens são peixinhos-dourados.
Premissa 2: Sócrates é homem.
Conclusão: Sócrates é um peixinho-dourado.

É importante verificar que esse argumento tem a mesma forma do Exemplo 1. Mesmo que você discorde da premissa 1 e da conclusão, ainda deverá reconhecer que, *se* todos os homens são peixinhos-dourados *e* Sócrates é homem, *então* Sócrates é um peixinho-dourado. A *forma* do argumento é válida, mas o fato de um argumento ser válido não significa que sua conclusão seja verdadeira. *Isso* requer que as premissas também sejam verdadeiras. Considere um terceiro exemplo:

Exemplo 3
Premissa 1: Todos os homens são mortais.
Premissa 2: Sócrates é homem.
Conclusão: Sócrates é um filósofo.

As premissas são verdadeiras, *assim como* a conclusão, *mas* o argumento é inválido. Para verificar por que isso acontece, podemos reduzir o argumento ao essencial:

Todos os As são Bs.
X é A.
Logo, X é C.

O "C" que aparece na conclusão não aparece em nenhuma das premissas, que lidam apenas com "A", "B" e "X". Premissas que nada dizem a respeito de "C" não podem gerar uma conclusão válida sobre "C"; portanto, *todos* os argumentos dessa forma são inválidos.

A principal questão a ser lembrada sobre lógica é a diferença entre verdade e validade, entre conteúdo e forma.

O tipo de argumento que acabamos de analisar é chamado de silogismo, e o trabalho básico com ele foi realizado por Aristóteles. A forma "todos os As são Bs, X é A, logo X é B" é, talvez, a mais simples de reconhecer como válida. Há outras formas que incluem premissas como "alguns As são Bs" e "alguns As não são Bs", nas quais é um pouco mais difícil saber. Aristóteles trabalhou sistematicamente com todas as combinações possíveis para ver quais eram válidas e quais eram inválidas. Embora o silogismo seja uma forma bastante limitada e, de certo modo, primitiva de argumento, é um lugar muito útil para começar. Por ser simples, torna-se relativamente fácil aprender que existe uma diferença fundamental entre verdade e validade.

FIGURA CHAVE

Aristóteles (384-322 a.C.)
Obras mais importantes: *Ética, Política, Metafísica.*

Discípulo de Platão, Aristóteles estudou e escreveu sobre uma ampla variedade de tópicos, inclusive sobre o tempo e os animais. Deu aulas particulares para Alexandre, o Grande, e fundou uma escola, chamada de Liceu.

A seguir, são apresentados alguns exemplos de silogismos para você analisar. Em cada caso, você precisa considerar se o argumento é válido. Talvez seja útil reduzir os argumentos ao essencial, conforme ilustrado antes, para visualizar as estruturas deles com mais clareza.

Premissa 1: Todos os homens são mortais.
Premissa 2: Sócrates é mortal.
Conclusão: Logo, Sócrates é homem.

Esse argumento é inválido. Pode ser tentador acreditar que é válido, porque as premissas e a conclusão são verdadeiras. Porém, veja o que acontece quando um conteúdo diferente é inserido na mesma estrutura:

Premissa 1: Todas as mulheres são mortais.
Premissa 2: Sócrates é mortal.
Conclusão: Logo, Sócrates é mulher.

Por que o argumento é inválido? Porque o que a premissa 1 afirma é que, se você pertence ao grupo A (mulheres), então também pertence ao grupo B (mortal). Contudo, não afirma que é preciso pertencer ao grupo A para pertencer ao grupo B. Assim, Sócrates pode pertencer ao grupo B sem pertencer ao grupo A. Ele pode ser mortal sem ser mulher.

O argumento permaneceria inválido se a primeira premissa fosse alterada para "Somente as mulheres são mortais"?

Não, o argumento seria válido, mas falso. "Somente as mulheres são mortais" é outra forma de dizer "Todos os mortais são mulheres", porque, se apenas as mulheres são mortais, é impossível ser mortal sem ser mulher. O argumento, então, teria a forma válida:

Premissa 1: Todos os mortais são mulheres.
Premissa 2: Sócrates é mortal.
Conclusão: Logo, Sócrates é mulher.

Eis outro exemplo para você analisar. Visto que lida com "alguns", e não "todos", é um pouco mais complicado.

Premissa 1: Alguns livros de filosofia são caros.
Premissa 2: Alguns livros caros são um desperdício de dinheiro.
Conclusão: Logo, alguns livros de filosofia são um desperdício de dinheiro.

Infelizmente, isso tudo talvez seja verdade, porém o argumento é mais uma vez inválido. Suponha que existam vinte livros caros.

Dez deles podem ser de filosofia, e os outros dez podem ser um desperdício de dinheiro. Não é possível saber, com base na informação dada, que algum deles é as duas coisas.

Se você percebeu a distinção entre verdade e validade, aprendeu um princípio básico de lógica. Contudo, fica evidente que o silogismo é um tipo bastante limitado de argumento, sendo provável que o dia a dia nos apresente várias ocasiões em que não podemos usá-lo. Felizmente, a lógica tem muito mais a oferecer. Assim como outros sistemas de lógica muito mais complicados que não serão abordados aqui, os lógicos também identificaram uma série de *falácias*. Falácia é um erro de lógica. Se você encontrar uma delas em um argumento, saberá que este não é válido. A seguir, são apresentadas algumas falácias bastante conhecidas para prestar atenção no próprio raciocínio e no dos outros.

Muitas têm nomes tradicionais em latim. Use-as para impressionar seus amigos!

ad hominem O termo em latim *ad hominem* significa "contra a pessoa". Se você rejeita a verdade de uma afirmação só por causa da pessoa que a declarou, é culpado de usar o argumento *ad hominem*. ("Como você pode acreditar em uma pessoa que...?") O oposto de um argumento *ad hominem* é um apelo à autoridade. Nem todos os apelos à autoridade são inapropriados, mas nem sempre é fácil decidir quem é uma autoridade confiável. No dia a dia, as pessoas que você admira por vezes estão erradas, e as pessoas que critica podem estar certas.

ad populum Este é outro termo em latim que significa um apelo "às pessoas". A implicação é que, se todos concordam, então deve estar certo. Deixando de lado o fato de que talvez nem todos concordem, mesmo se o fizessem, isso, em si, não faria com que qualquer coisa fosse certa. Quando todos acreditavam que o mundo era plano, estavam errados. A verdade não se decide por votação (mesmo que uma eleição o seja).

questão complexa Um exemplo famoso da questão complexa é: "Quando você parou de bater na sua esposa?". Uma questão complexa não é tanto uma falácia quanto uma armadilha lógica. Não posso responder à pergunta sem admitir que bato, ou já bati, na minha esposa. Se eu disser quando parei, então admito que batia nela; se disser que não parei, então é porque continuo batendo!

falso dilema Um falso dilema é outro tipo de armadilha. "Você quer tomar este remédio ou quer morrer?". A armadilha está em forçar alguém a escolher somente entre duas opções quando, na verdade, há outras opções disponíveis. Não quero tomar o remédio *nem* morrer, e talvez seja perfeitamente possível não fazer nenhum dos dois (quem sabe tomando um remédio *diferente*). Os políticos fazem uso regular dessa falácia: vote em nós ou testemunhe a ruína do país!

post hoc ergo propter hoc Isso não é tão doloroso quanto parece! A expressão latina só quer dizer "depois disso, por causa disso". Só porque os eventos ocorrem próximos entre si não significa que exista uma conexão causal real entre eles. Muitas superstições encaixam-se nessa categoria. Pode-se ter azar depois de ver um gato preto, mas isso não significa que o gato preto tenha causado o azar.

non sequitur De muitas formas, esta é *a* falácia lógica. O termo em latim significa apenas "não se segue", o que é verdadeiro para vários supostos "argumentos". "Sou rico, logo sou uma boa pessoa para administrar este país." Por quê? "Sou velho, por isso sou sábio." Por quê? "Você é pobre; portanto, merece sê-lo." Por quê? Só porque são feitas duas afirmativas próximas entre si não significa que exista uma conexão causal real entre elas. As falácias *ad hominem*, *ad populum* e *post hoc ergo propter hoc* podem ser vistas como exemplos específicos da falácia *non sequitur*.

A lógica não é um tipo de fórmula mágica que dirá tudo o que você precisa saber sobre o dia a dia. O que ela oferece é um conjunto de habilidades para ajudar a identificar a diferença entre um bom e um mau argumento. Só isso já vai melhorar o modo de pensar sobre a vida e ajudar a tomar decisões melhores.

Assim como todas as habilidades, pensar exige prática. Infelizmente, a vida não se divide com clareza em silogismos; por isso, o escopo para praticá-los é limitado. As falácias, no entanto, estão em toda parte. Fique sempre de olho nelas. Quando alguém disser "isso por causa daquilo" ou "isso, portanto aquilo", pergunte a si mesmo: "Existe uma conexão real entre isso e aquilo?". Os exemplos aqui apresentados podem ajudá-lo.

Lógica não é o conhecimento do uso da construção de argumentos, mas, do contrário, o conhecimento para discernir e julgá-los corretamente, a saber, por que alguns são fortes e outros, fracos.

Pedro Abelardo

5. Qual é a diferença?

> Metade das conclusões equivocadas às quais a humanidade chega deve-se ao abuso de metáforas e à confusão entre analogia genérica ou semelhança imaginária com identidade real.
>
> Lorde Palmerston

DO QUE SE TRATA?

Se o meu carro for consertado e algumas peças forem trocadas, recebo o mesmo carro de volta? Faz alguma diferença? Se levo meu filho ao hospital para fazer um transplante de coração, recebo a mesma criança de volta? Faz alguma diferença? Se peço a alguém para avaliar uma pintura e me entregam uma cópia falsificada perfeita em troca, recebo a mesma pintura de volta? Faz alguma diferença? Faz alguma diferença se for meu carro, meu filho ou minha pintura? Deveria fazer?

A "lei da identidade" costuma ser considerada o princípio essencial da lógica. (→ 4) Porém, dizer que "algo é si mesmo" pode parecer uma resposta em vão para uma pergunta que ninguém precisa fazer, e talvez o seja. Uma pergunta mais interessante é: "Quando alguma coisa *deixa* de ser ela mesma?". Se isso ainda parece obscuro, então considere o seguinte: à primeira vista, uma lagarta é uma coisa, e uma borboleta, outra. Mas uma lagarta pode transformar-se em borboleta. No entanto, uma lagarta que se torne borboleta não é mais lagarta. Se há cinco borboletas e cinco lagartas em uma caixa, não dizemos que há dez lagartas. Contudo, se ficarem lá por tempo suficiente, podemos ter dez borboletas no final. A seguir, você verá uma charada clássica que se baseia nesse tipo de problema. Ela se chama o "navio de Teseu".

> **PENSE NISSO**
>
> *Teseu mandou construir um navio para ele. Ao longo do tempo, o navio precisava de reparos constantes, com a substituição de tábuas velhas por novas. Por fim, não restou uma única tábua original. Teseu ainda tinha o mesmo navio com que começara?*

Não há uma solução consensual para essa charada. Ela se complica ainda mais se você acrescentar a possibilidade de que alguém retire toda a madeira velha e construa outro navio com ela. Haveria, assim, dois navios diferentes, e ambos poderiam alegar ser o "navio de Teseu". Quem conhece o programa da BBC *Only Fools and Horses* pode ter se deparado com a mesma charada na forma da vassoura do personagem Trigger. Ele tem a mesma vassoura há anos, mas muda as cerdas e o cabo de vez em quando. Então, se alguém tivesse recolhido as partes descartadas, agora poderia haver diversos concorrentes diferentes ao título de "vassoura de Trigger". A "vassoura de Trigger" seria, então, somente a vassoura que pertence a Trigger *agora*? Se sim, trata-se de uma questão de propriedade, em vez de identidade? E o "navio de Teseu" é somente o navio de posse de Teseu em determinado momento?

Tudo isso pode parecer irrelevante ou forçado. O que tem a ver com o dia a dia? Considere esta pergunta: o que faz com que você seja você? Você é o mesmo que era no ano passado? Ou há dez anos? Fisicamente, algumas partes suas estão sempre sendo substituídas. As células da pele têm um ciclo de vida que pode ser medido em semanas. As células sanguíneas têm rotatividade ainda mais rápida, enquanto você pode ter algumas células dos órgãos internos há anos! Em termos mentais, você aprende coisas, esquece outras, amadurece e envelhece. Eventos externos podem modelar a sua vida de várias maneiras, quer queira quer não queira. Então, você é *exatamente* o mesmo que era dez anos atrás? Fisicamente, com certeza não; mentalmente, muito improvável. Faz alguma diferença? Em certo sentido, provavelmente não. Podemos conviver com a ideia de mudança em uma identidade contínua sem ter de realizar muita ginástica filosófica (embora nem todos os filósofos tenham logrado fazer isso). O fato de eu não ser o adolescente de aspecto jovem e saudável que era quarenta anos atrás é algo com o que consigo viver a cada dia sem dificuldade indevida. Porém, a vida pode revelar coisas que são fora do normal. Considere este próximo problema...

> **PENSE NISSO**
>
> Um homem acorda um dia e está convencido de que é Napoleão. Ele tem todas as memórias de Napoleão e não se lembra de ter sido outra pessoa além de Napoleão. Como decidir se ele é Napoleão ou não?

Bernard Williams argumentou que, em casos assim, é preciso buscar evidências de continuidade física. É óbvio que, com base nisso, essa pessoa não é Napoleão porque Napoleão está fisicamente morto há anos. Mesmo se atribuirmos um peso considerável às memórias do homem, a única maneira de se certificar de que são genuinamente as de Napoleão é afirmar a si mesmo que esse homem realmente *é* Napoleão e que jamais houve um tempo em que ele *não* fosse Napoleão. Isso só pode ser feito com o estabelecimento da continuidade física. Sem ela, o máximo que se pode dizer é que o homem se tornou como Napoleão em alguns aspectos. É desnecessário dizer que nem todos concordam com isso. A posição adotada por Williams pareceria mais forte se duas pessoas alegassem ser Napoleão?

FIGURA CHAVE

Bernard Williams (1929-2003)
Obras mais importantes: *Problems of the Self*, *Morality*.

Bernard Williams foi um destacado filósofo moderno que lecionou no Reino Unido e nos Estados Unidos. Seus escritos foram principalmente no campo da filosofia moral. Foi casado durante vários anos com a política britânica Shirley Williams.

O exemplo de Napoleão pode não parecer muito plausível, mas uma técnica filosófica usada com frequência é esticar uma ideia até seu limite para ver se ela arrebenta. Por outro lado, discussões e debates sobre as pessoas serem quem dizem ser não se restringem a debates filosóficos. Houve um célebre processo judicial no século XIX na Inglaterra que se baseou precisamente nesse ponto. A história do requerente de Tichborne vem sendo tema de (ou inspirou) uma série de obras literárias, ao menos um filme e até um episódio dos *Simpsons* ("O diretor e o soldado").

Roger Charles Tichborne nasceu em 1829. Em 1854, embarcou em um navio no Rio de Janeiro rumo a Nova York. Alguns dias depois, o navio desapareceu, e ele junto. Roger foi declarado legalmente morto em 1855. Em 1862, seu pai morreu, passando o patrimônio para o irmão mais novo de Roger.

A mãe dele se recusava a acreditar que Roger estava morto e fez consultas no mundo inteiro. Em 1865, recebeu uma carta dizendo que alguém que dizia ser Roger havia se apresentado em Nova Gales do Sul (Austrália). O requerente viajou à Europa em 1866 e se encontrou com a mãe de Roger em 1867. Apesar do fato de haver somente uma semelhança física limitada entre os dois, e mesmo que o requerente não falasse francês, considerando que Roger era fluente nesse idioma, a senhora Tichborne se convenceu de que o requerente era seu filho. Após sua morte em 1868, houve um processo judicial para decidir se ele era ou não o requerente legal. No final das contas, decidiu-se que não era, sendo ele acusado de perjúrio e, em 1874, condenado a catorze anos de trabalhos forçados. Revelou-se que ele era um sujeito chamado Arthur Orton, originário de Wapping.

O principal motivo pelo qual Lady Tichborne estava disposta a acreditar que Orton era seu filho parece ser que ela *queria* muito que isso fosse verdade e não podia aceitar o fato de que seu filho morrera. Todavia, após uma ausência de treze anos, é evidente que Roger teria mudado. Se tivesse permanecido com a aparência totalmente inalterada durante esse tempo, como um Dorian Gray da vida real, *isso* sim teria sido suspeito. Não é que a identidade proíba a mudança. Sabemos que as pessoas *mudam* ao longo do tempo. A questão é de grau: quanta mudança é compatível com alguém ser a mesma pessoa? (→ 8) O caso do requerente de Tichborne é real. A história do filme francês *O retorno de Martin Guerre* tem mais a ver com lenda. O filme de Hollywood baseado nele, *O retorno de um estranho*, é ficção pura. Mas todos propõem a mesma pergunta: trata-se da mesma pessoa?

O problema do navio de Teseu é uma ilustração drástica do mesmo problema. Se o navio com o qual ele acaba não é o mesmo com o qual começou, quando ocorre a mudança de um para o outro? Após a troca de uma tábua? De duas tábuas? Da metade delas? De todas elas? Não há solução para o problema que não pareça arbitrária. Você pode até concordar que algo se tornou outra coisa, porém é muito mais difícil concordar sobre quando isso aconteceu.

O problema do navio de Teseu é relativamente objetivo porque lida com matéria inanimada. Reconhecer a mesma pessoa é bem mais difícil do que reconhecer o mesmo navio. (→ 6) Se Lady Tichborne tivesse perdido um navio, talvez não teria sido persuadida com tanta facilidade pelo substituto que se apresentou a ela. Muitos dos que discordam de Bernard Williams o fazem porque não acreditam que a continuidade física diga tudo, ou mesmo os aspectos mais importantes, sobre a identidade pessoal. O paralelo entre o navio de Teseu e o requerente de Tichborne perde a validade porque é mais fácil concordar sobre o que é um navio do que sobre o que é uma pessoa. E, embora você possa ficar contente em receber um navio semelhante ao perdido, o retorno de uma pessoa semelhante simplesmente não seria satisfatório.

No dia a dia, espera-se que as coisas mudem, mas somente dentro de determinados limites. E espera-se que coisas distintas mudem com velocidades diferentes. Quando as coisas mudam de forma inesperada, você pode perceber, de repente, que a noção de identidade é bem mais complexa do que pensou.

E AGORA? Na próxima vez em que se olhar no espelho, pergunte a si mesmo se você é a mesma pessoa que era da última vez em que se olhou no espelho. O que seria preciso para você responder "não"? E que diferença faria para você se acreditasse ter se tornado uma nova pessoa?

Tu não és o que era antes; por qual motivo eu seria o mesmo?

Sir Robert Aytoun

6. Levando para o lado pessoal

"Pessoa" é um ser inteligente, que tem razão e capacidade de reflexão, podendo considerar a si próprio como alguém que pensa, em diferentes momentos e lugares.

John Locke

DO QUE SE TRATA?

No dia a dia, você faz distinções o tempo todo, mesmo que não tenha consciência disso. Algumas delas têm uma influência importante sobre a maneira como você trata os outros. Uma das mais importantes dessas distinções é aquela entre os que são pessoas e os que não são.

A tentativa de John Locke de definir uma pessoa é apenas uma entre várias. Outros propuseram definições diferentes. Faz alguma diferença o fato de não haver uma definição consensual do termo "pessoa"? Depende do uso que você pretende fazer do termo. Definições esclarecem distinções. Dizer que algo é um tipo de coisa também equivale a dizer que *não* é outro tipo de coisa. Quando você usa o termo "pessoa", que tipo de distinção está tentando fazer? Curiosamente, na filosofia é mais comum fazer a distinção entre "pessoas" e seres humanos. (→ 15) Isso é curioso porque normalmente presumimos que seres humanos *são* pessoas. No entanto, uma vez que a filosofia exige a análise de suposições, o fato de que comumente se presume algo é apenas o começo, e não o fim da questão.

Assim que se estabelece uma distinção entre seres humanos e pessoas, surgem duas possibilidades importantes. Primeiro, a de que nem todas as pessoas podem ser seres humanos; segundo,

43

a de que nem todos os seres humanos podem ser pessoas. Para começar, vamos analisar a primeira possibilidade.

> **PENSE NISSO**
>
> Você consegue pensar em um exemplo de ser que pode ser pessoa, mas não ser humano?
>
> Talvez o lugar mais óbvio para procurar pessoas não humanas seja na ficção científica. Os Klingons, de *Jornada nas estrelas*, são pessoas? Ou R2D2 e C3PO, de *Guerra nas estrelas*? Ou HAL de *2001: Uma odisseia no espaço*? Ou mesmo os Munchkins, de *O mágico de Oz*? Mais perto de casa, alguns filósofos poderiam argumentar que há membros do reino animal na Terra que deveriam ser considerados pessoas, sobretudo entre os grandes símios, e muitos donos de animais de estimação também fariam alegações para outros animais!

Seria possível formular uma lista mais longa, mas a questão a ser considerada não é tanto *quem* aparece na lista, e sim *por quê*. Uma forma de abordar o problema é virá-lo ao contrário e perguntar "por que não"? Por que os Klingons, por exemplo, não deveriam ser vistos como pessoas? Eles podem ser feios, desagradáveis e agressivos, mas é relativamente fácil encontrar seres humanos que satisfazem alguns ou todos esses critérios. Além disso, não se pode negar que os Klingons são inteligentes (afinal, dominaram a viagem espacial), têm um idioma, e assim por diante. Há algumas diferenças físicas, mas elas são importantes? Que diferenças entre Klingons e seres humanos fariam com que fosse razoável dizer que os seres humanos são pessoas, e os Klingons não? Talvez o caso de HAL sejam um pouco mais fácil. HAL, afinal de contas, é um computador. Nesse sentido, HAL é bem diferente dos Klingons, que são criaturas vivas. Essa diferença é clara, porém é importante? O que falta em HAL (se é que falta alguma coisa) que uma pessoa deveria ter?

A resposta um tanto insatisfatória para essas perguntas é que não há resposta satisfatória. O mundo não é entregue de bandeja embrulhado em definições ordenadas. Conforme Friedrich Waismann, a linguagem tem uma "textura aberta". Um núcleo de significado relativamente preto e branco tende a ser circundado por muito cinza, em que os matizes das coisas confundem-se. Quando o mundo produz coisas novas, nem sempre é fácil ver se podemos conciliá-las com as palavras e ideias existentes ou se é preciso inventar outras. Um carro novo é apenas outro "carro"; e, se também voasse, você precisaria encontrar uma nova palavra para ele?

O que importa é que, seja qual for o uso que você faz das palavras, deve fazê-lo com consistência. Se aplicar o termo "pessoa" a seres humanos porque estes atendem a determinados critérios, então deverá estar preparado para aplicar o mesmo termo a outros seres que atendam aos mesmos critérios. Se adotarmos a definição de Locke do início deste capítulo como ponto de partida, então a primeira questão a perceber é a falta de referência a qualquer característica física. Parece que as características que ele lista se resumem a três. Primeiro, há um tipo de inteligência, que inclui a capacidade de raciocinar. Segundo, há um tipo de autoconsciência. Terceiro, há um tipo de senso de identidade contínua.

PENSE NISSO

Você concorda com a definição de pessoa proposta por Locke? Você retiraria algo dela? Acrescentaria algo?

Não existe resposta certa ou errada aqui. Talvez você queira comparar a definição de pessoa de Locke com esta do *Collins English Dictionary*: "um ser caracterizado por consciência, racionalidade e senso moral, tradicionalmente entendido por consistir de corpo e mente ou alma". Qual você prefere? Por quê?

FIGURA CHAVE

John Locke (1632-1704)
Obras mais importantes: *Ensaio sobre o entendimento humano*, *Dois tratados sobre o governo civil*.

Os escritos de Locke, um dos maiores filósofos ingleses, influenciaram uma série de áreas distintas. Em razão de suas atividades políticas, ele teve de passar vários anos exilado na Holanda.

Até aqui analisamos a possibilidade de que nem todas as pessoas são seres humanos. Agora precisamos examinar a outra possibilidade.

PENSE NISSO

Você consegue pensar em algum exemplo de seres humanos que podem não ser pessoas?

Intelectualmente, esse exercício não representa nenhuma dificuldade especial. Psicologicamente, não é tão simples. Filosoficamente, é preciso ser consistente na aplicação de definições, mas em termos emocionais pode-se sugerir toda sorte de exceções. Um feto é uma pessoa? Um bebê recém-nascido é uma pessoa? Alguém em estado vegetativo persistente é uma pessoa? Alguém nos estágios avançados da doença de Alzheimer é uma pessoa? Quanto mais a definição de pessoa envolver determinado nível de funcionamento intelectual, mais difícil será trazer os muito jovens, que ainda não atingiram esse nível, para dentro desse escopo. Na outra extremidade do espectro, é possível perder esse nível de funcionamento por qualquer motivo.

Embora alguns que argumentam em prol do melhor tratamento aos animais possam fazê-lo por motivos sentimentais, outros propõem o argumento explícito de que alguns animais têm o direito (→ 18) de serem considerados pessoas, porque não só atendem aos critérios relevantes como também os atendem melhor do que alguns seres humanos. O que argumentam é que, se formos consistentes na aplicação dos critérios, então será preciso admitir ao menos alguns animais na classe de pessoas e, talvez, expulsar alguns seres humanos dela.

Faz alguma diferença se alguém (ou algo) for uma pessoa ou não? Isso depende do que você pensa que signifique ser uma pessoa. O ponto habitual da distinção filosófica entre uma pessoa e um ser humano é que a pessoa goza de certos direitos. Em geral, acredita-se que as pessoas tenham direito a maior respeito, maior consideração e melhor tratamento do que as não pessoas. As pessoas falam mais alto no esquema das coisas; atribui-se um valor maior a elas.

Para ter uma ideia do que isso significa, podemos construir um cenário de ficção científica em que nossos intrépidos heróis encontram três raças diferentes. A primeira, os Admiráveis, são iguais a nós. A segunda, os Vilões, são como nós, porém muito mais sórdidos. A terceira, os Bovinos, são inferiores a nós em todos os aspectos. Como nossos intrépidos heróis deverão interagir com cada umas das raças? Em linhas gerais, pode-se esperar que eles tentem fazer amizade (e até procriar!) com os Admiráveis, sejam cautelosos com os Vilões, combatendo-os se necessário (mas com respeito rancoroso) e tratem os Bovinos como gado!

Os Admiráveis são tratados como pessoas; os Vilões, como pessoas não muito legais; e os Bovinos, nem mesmo são tratados como pessoas. A questão não é tanto tratar os Bovinos muito pior do que os outros, mas acreditar que temos o *direito* de fazer isso. Embora pareça um mero termo descritivo, "pessoa" carrega uma forte carga moral. É preciso estar ciente do que significam as palavras utilizadas e do que sugerem. (→ 22)

Os seres humanos costumam acreditar que algumas coisas em nosso planeta são mais valiosas do que outras, e os seres humanos tendem a estar no topo da lista de coisas valorizadas. Poucos seres humanos argumentariam que uma barata é tão valiosa quanto um ser humano. Por que não? Se a única razão para valorizar os seres humanos mais do que as baratas é porque *somos* seres humanos, tal argumento está longe de ser bom; é apenas a falácia da exceção. Seria difícil encontrar uma barata que engolisse essa! É a ideia de pessoa que sintetiza o que pensamos ser valioso sobre os seres humanos sem ter de recorrer à falácia da exceção. No cenário de ficção científica, era compreensível que os Bovinos fossem tratados como gado porque não eram pessoas. Da perspectiva política, tratar pessoas como gado é, por vezes, conhecido como genocídio. No círculo familiar, é mais conhecido como abuso.

Immanuel Kant tinha uma maneira particular de explicar a situação especial das pessoas que talvez seja útil para você. Ele dizia que as pessoas exigem nosso respeito e que jamais devemos tratá--las meramente como objetos. Não se deve tratar outras pessoas apenas como meio para atingir os próprios fins. Posso pedir a um encanador para consertar um cano furado, mas, mesmo que o *use* como encanador, também devo *respeitá-lo* como pessoa.

Não é o termo "pessoa" como tal que é importante, e sim o fato de que fazemos uma distinção moral entre diferentes tipos de ser. Se você se colocar em um lado de uma linha divisória moral, então isso terá implicações sobre a forma como percebe o mundo e como responde aos outros que vivem nele. O termo "pessoa" costuma ser usado para se referir aos seres que se enquadram no lado superior da fronteira moral.

E AGORA? Você já tratou outro ser humano apenas como meio para um fim?

As pessoas não são anjos caídos; elas são meramente pessoas.
D. H. Lawrence

7. Tenho meus princípios

Façam aos outros o que vocês querem que eles lhes façam.
Jesus de Nazaré

DO QUE SE TRATA?
Dizer que alguém não tem princípios raras vezes é usado como elogio. Mas o que significa ter princípios? E que princípios devemos ter?

O tema da consistência percorre a filosofia em todos os sentidos. Para começo de conversa, é a base inteira da lógica. (→ 4) Talvez o maior campeão filosófico da ideia de consistência seja Immanuel Kant. Quando o programa *Today*, da BBC Radio 4, conduziu uma pesquisa sobre "o maior filósofo de todos os tempos" alguns anos atrás, muitos presumiram ser uma perda de tempo, porque Kant sem dúvida venceria. No final das contas, os que apostaram suas fichas em Kant perderam dinheiro; o vencedor foi Karl Marx.

FIGURA CHAVE
Immanuel Kant (1724-1804)
Obras mais importantes: *Crítica da razão pura*, *Crítica da razão prática*.

Kant quase nunca saía de sua cidade natal, a prussiana Königsberg, que hoje é chamada de Kaliningrado (e agora faz parte da Rússia). Embora seus livros sejam densos e difíceis, pessoalmente ele era espirituoso e sociável. Mesmo os que estavam em radical desacordo com ele reconheciam seu status de um dos maiores filósofos que já existiu.

Kant era um grande defensor do que às vezes é chamado de "regra de ouro": a ideia de que você deve tratar os outros tal como gostaria de ser tratado. Sem dúvida ele não a inventou, e seus argumentos em favor dela vão além de um mero apelo para ser gentil com os outros. Para Kant, tudo se resumia à consistência. De fato, a própria ideia de regra envolve a noção de consistência. Algumas regras têm aplicação bastante local. Por exemplo, as regras do futebol só se aplicam aos que participam da partida quando estão jogando, mas todos os jogadores devem seguir as regras. As leis de um país (em geral) só se aplicam àquele país, mas também devem aplicar-se a todos os habitantes daquele país. Kant estava mais preocupado com o tipo de regras que se aplicam a todos, as regras que se aplicam às pessoas não porque são participantes de um jogo ou cidadãos de um país, mas porque são pessoas. (→ 6) Para distingui-las dos outros tipos de regra, vou chamá-las de *princípios*.

A contribuição fundamental de Kant para essa área divide--se em duas partes. Primeiro, ele entendia que, se alegamos estar fazendo algo por princípio, significa que acreditamos ter um bom motivo para isso. Segundo, o melhor motivo possível para fazer algo é que todos deveriam fazê-lo! A pergunta "e se todos fizessem isso?" incorpora a percepção de Kant de maneira concisa. Se eu afirmo agir com base em princípios, então devo estar preparado para concordar que qualquer um em situação semelhante pode – e, em realidade, deveria – fazer o mesmo.

PENSE NISSO

No dia a dia, estamos sempre tomando decisões sobre o que fazer, e seria estranho alguém sempre alegar estar "agindo por princípio". A seguir, são apresentadas algumas ações que alguém poderia fazer em um dia normal:

Tomar café da manhã.
Viajar a negócios.
Realizar uma tarefa.
Assistir à televisão.

Qual dessas ações você acha que envolve (ou poderia envolver) fazer algo (ou não fazer algo) "por princípio", e quais são feitas por outros motivos? Se algo é feito "por princípio", qual é o princípio?

Esse exercício não é tão fácil quanto parece, porque, em cada caso, é possível propor legitimamente respostas muito distintas. Com relação ao café da manhã, pode ser algo que faço sem pensar. Posso tomar um tipo específico de café porque gosto dele. Por outro lado, posso tomar um tipo específico de café por princípio (ou ao menos não tomar outros tipos por princípio) porque acredito em comércio justo. Posso optar por ir de bicicleta para o trabalho porque gosto ou posso pedalar por princípio porque estou preocupado com as emissões de carbono e a poluição causada pelos carros. Posso considerar meu emprego apenas um meio de ganhar dinheiro suficiente para sobreviver ou posso tê-lo escolhido por princípio porque é algo no que acredito. E, quando chego em casa, posso assistir à televisão para obter entretenimento sem exigências ou posso assistir ao noticiário por princípio porque acredito que todos devem informar-se sobre o que está acontecendo no mundo.

Algumas questões básicas emergem disso tudo. Primeiro, você pode generalizar e dizer que, se essas quatro ações (e inúmeras outras no dia a dia) não forem feitas por princípio, então é porque as está fazendo apenas como meio para um fim. Preciso beber algo, preciso chegar ao trabalho, preciso ter uma renda e preciso relaxar um pouco. *O que* eu bebo, *como* viajo, *o que* faço para ganhar a vida e *como* passo meu tempo livre não chegam a me incomodar, contanto que minhas necessidades relevantes sejam satisfeitas. Se eu prefiro beber café orgânico de comércio justo e você prefere beber a marca instantânea mais barata, pode-se tratar apenas de uma questão de gosto e nada mais. Se temos gostos distintos, isso é apenas um fato (nada interessante) sobre nós. No entanto, se eu bebo café por princípio, e seu café é um dos que eu *não* beberia por princípio, então a situação é muito mais do que uma questão de gosto. E, se for uma questão de princípio, então o princípio também deve ser aplicável aos outros. Se você bebe um café que eu não beberia por princípio, então acho que você está errado em fazê-lo.

Essa distinção entre um meio para um fim e questões de princípio é essencial na filosofia de Kant e no dia a dia. Kant oferece uma maneira de descobrir por si próprio o que se faz por princípio (e, com isso, quais são os seus princípios) e o que não se faz. Sem uma reflexão, você pode não estar ciente de que trata certas coisas como princípios (e, assim, espera que os outros também as respeitem), enquanto outras são apenas uma questão de gosto.

A percepção de Kant não só ajuda a atingir maior autoconsciência: ela serve como um útil detector de hipocrisia no dia a dia. A necessidade de consistência também é uma exigência de honestidade e integridade. Em sua forma mais crua, a hipocrisia é a crença de que todos devem agir de acordo com os meus princípios, exceto eu. É como nosso antigo médico de família costumava dizer: "Tem muito disso por aí". Embora a hipocrisia possa estar associada, na imaginação popular, a determinadas profissões (muitos políticos tendem a receber uma pontuação bem baixa nesse quesito), nós mesmos talvez não estejamos totalmente livres dela.

Para investigar o problema da hipocrisia, você não tem de perguntar "e se todos fizessem isso?", e sim "e se isso fosse feito comigo?". Outra observação de Kant foi que, se eu faço algo, então isso é o que eu entendo por comportamento aceitável. E, se eu vejo isso como comportamento aceitável, não posso reclamar se for afetado por ele. Por que devo esperar que as outras pessoas se comportem melhor do que eu? Em termos de dia a dia, o que Kant está nos pedindo para fazer é praticar a arte da empatia, que exige colocar-se no lugar do outro e ver como são as coisas daquela perspectiva.

PENSE NISSO *Este não é um exercício formal, mas talvez seja bom pensar se você já tratou alguém de um modo que não gostaria de ser tratado. Seja honesto! Isso tem a ver com consciência, e não com culpa! Você se arrepende do que fez? Ou acha que pode justificá-lo?*

Em todas as formas e para todos os tipos de motivos, é mais fácil ver as falhas dos outros do que as próprias. A seguir, apresento outro exercício que pode ser mais confortável para você.

PENSE NISSO

A invasão do Iraque foi justificada por George Bush e Tony Blair sob a alegação de que Saddam Hussein possuía armas de destruição em massa. A justificativa foi boa?

O problema óbvio dessa justificativa é que, mesmo que Saddam Hussein estivesse sentado sobre uma pilha de armas de destruição em massa, Bush e Blair estavam sentados sobre pilhas maiores. Se o princípio pelo qual estavam agindo era o de que é aceitável (ou mesmo necessário) invadir países que tenham armas de destruição em massa, então, caso fossem consistentes, teriam de concordar que o Reino Unido e os Estados Unidos também deveriam ser invadidos. Se não concordassem com isso, então não poderiam estar agindo com base nesse princípio.

A vida não se resume à consistência, como veremos no devido tempo. (→ 17) No entanto, como princípio básico, não seria ruim aplicar a regra de ouro no dia a dia.

E AGORA?

Na próxima vez em que alguém fizer algo de que você não gosta, pergunte a si mesmo: "Se os papéis estivessem inversos, eu teria agido da mesma maneira?".

Geralmente é mais fácil lutar por princípios do que viver de acordo com eles.

Adlai Stevenson

8. O que acontece agora?

*Não nos banhamos duas vezes no mesmo rio,
pois a água nova não para de fluir.*

Heráclito de Éfeso

DO QUE SE TRATA? O mundo é um lugar complicado de se viver porque as coisas são imprevisíveis e estão sempre mudando. E, ainda assim, parece que damos um jeito. Como?

FIGURA CHAVE Heráclito (*c*. 540-*c*. 480 a.C.)
Obras mais importantes: somente restaram fragmentos dispersos de seus escritos.

Heráclito viveu em Éfeso, embora pareça que ele a e população daquela cidade não se vissem com bons olhos. Ele tinha prazer em charadas e recebeu o apelido de "o obscuro".

Desde os primórdios da filosofia, os filósofos debatem-se com o problema da mudança. Quando a mudança significa que algo cessou de ser o que é e então se tornou algo mais? (→ 5) Isso já é complicado o bastante ao lidar com objetos físicos. Uma cadeira sem uma das pernas ainda é uma cadeira? E se perder todas as pernas? Quando um punhado de grãos de areia se torna um monte de areia? E assim por diante. Ao lidar com coisas orgânicas, isso se desenvolve e fica mais complicado. Quanta mudança se pode permitir? Quanta mudança se pode aguentar? Se você não pode se banhar no mesmo rio duas vezes, quanto pode se ajustar a um mundo que seja totalmente novo a cada instante?

A resposta lógica parece estar na noção de previsibilidade. Contudo, a previsibilidade em si é previsivelmente problemática. Veja mais um antigo enigma filosófico...

> **PENSE NISSO**
>
> Como você pode ter certeza de que o sol se levantará amanhã? Você pode optar por dizer que não tem certeza. Porém, é provável que ainda aja como se *estivesse* certo disso. (Se você soubesse que o sol não se levantaria amanhã, o que faria de diferente hoje?) Se você disser que está certo, seu motivo quase sem dúvida será o de que o sol se levantou todos os dias até hoje, e não há por que acreditar que amanhã será diferente. Isso leva ao problema da indução, uma ramificação da lógica. (→ 4)

Quem já fez algum tipo de investimento deve ter visto nas letras miúdas que "o desempenho passado não é garantia de desempenho futuro". Ainda assim, no dia a dia, muitas vezes presumimos que o desempenho passado *é* garantia de desempenho futuro, e o mundo seria um lugar bastante confuso se não fosse assim. Todavia, quando você tenta descobrir a base dessa suposição e a sujeitar a um exame filosófico, descobre que, de fato, ela não é tão sólida quanto você gostaria. A indução trata da maneira como se passa do conhecido para o desconhecido, da própria experiência particular para um conhecimento mais generalizado.

Um exemplo padrão das falhas da indução é o caso do cisne. Até irem para a Austrália, os europeus acreditavam que todos os cisnes eram brancos. Acreditavam nisso por um bom motivo, já que todos os cisnes que haviam encontrado eram brancos. Porém, quando chegaram à Austrália, descobriram que alguns cisnes são pretos. A crença europeia de que todos os cisnes eram brancos não era nem um pouco absurda. Ao contrário, todas as evidências disponíveis para eles antes de visitarem a Austrália apontavam nessa direção e, por isso, nenhuma evidência dava indicação oposta. No entanto, aconteceu de eles estarem errados.

Esse é o problema essencial da indução. Quando você argumenta a partir de todos os casos conhecidos para todos os casos possíveis, existe a possibilidade de estar errado, porque os fatos coletados de *todos os casos conhecidos* jamais podem bastar para garantir o conhecimento de *todos os casos possíveis*. Sempre há um risco quando uma conclusão vai além das evidências usadas para sustentá-la. Por outro lado, pessoas que acreditaram, todos os dias dos últimos milhões de anos, que o sol se levantaria no dia seguinte sentem-se justificadas a cada romper da aurora. A indução não é perfeita, mas pode ajudar a seguir a vida. (→ 24)

A ciência avança de modo indutivo. As "leis da natureza" descobertas resultam de observação, e as leis buscam capturar os princípios gerais subjacentes a nossas experiências particulares. Por exemplo, são as leis da física, conforme desenvolvidas por cientistas como Newton, Kepler e Einstein, que, entre outras coisas, fazem com que o nascer do sol amanhã seja bem mais do que mera aposta. Há motivos para acreditar que o sol se levantará amanhã, mas, ainda assim, os frutos da indução jamais são infalíveis. Se o sol se recusar com teimosia a nascer amanhã, então, assim como os europeus que descobriram o cisne negro, teremos de voltar à estaca zero. É sempre logicamente possível que o sol não se levante amanhã, por mais incontestáveis que sejam as evidências de que isso ocorrerá. (→ 9)

Contanto que funcione, a indução é boa o bastante para nos ajudar no dia a dia. Ela funciona porque podemos perceber e identificar regularidades na natureza. A plantação de sementes de girassol produz girassóis, e não repolhos. E se a plantação de sementes de girassol *produzisse* repolhos? Pior ainda, e se produzisse repolhos um ano, rosas no outro, trigo no seguinte, e assim por diante? Seria possível viver em um mundo em que jamais se pode saber o resultado de nada do que se faz? Um mundo em que tudo é totalmente imprevisível parece um pesadelo. Na verdade, é provável que seja pior do que isso. Pesadelo é algo que se pode ao menos imaginar; não dá nem para começar a imaginar um mundo em que tudo seja totalmente imprevisível.

As leis da natureza têm um limite para nos apresentar um mundo razoavelmente estável no qual viver. Várias de nossas interações não são com coisas, mas com outras pessoas. Nesse caso, a noção de previsibilidade também tem uma função a exercer. Embora poucas, se houver alguma, pessoas (na minha experiência) totalmente previsíveis, espera-se que as pessoas sejam previsíveis dentro de limites. Espera-se que pessoas com reputação de serem generosas sejam generosas, e não sovinas. Se de repente se tornarem sovinas, seremos surpreendidos. Quando as pessoas não se comportam conforme o esperado, queremos saber o porquê. Ficamos imaginando o que está errado com elas. Ser a mesma pessoa é se comportar (dentro de limites) da mesma forma, dizer (dentro de limites) as mesmas coisas, responder (dentro de limites) do mesmo modo, e assim por diante.

Por vezes, o comportamento das pessoas vai além dos limites da previsibilidade. O filme *As três máscaras de Eva*, de 1957, foi baseado no fenômeno das múltiplas personalidades. (O filme rendeu um Oscar para Joanne Woodward e vale a pena ser visto.) No caso de múltiplas personalidades, há somente um corpo envolvido, porém mais de um indivíduo parece habitá-lo. O grau em que essas personalidades diferentes estão cientes umas das outras é variável. Quando têm conhecimento umas das outras, é comum que sejam hostis umas em relação às outras. Diferentes personalidades podem ter desempenhos distintos em testes, estilos de escrita variáveis e quase sempre têm memórias diferentes. Nos raros casos em que esse fenômeno aparece, o tratamento costuma envolver a tentativa de reconciliar as personalidades entre si e, no devido tempo, reuni-las.

No entanto, a questão filosófica a ser feita é por que o assim chamado transtorno de múltiplas personalidades (ou transtorno dissociativo de identidade) é visto como um problema. A primeira e óbvia resposta é que isso não é normal. A pergunta complementar é evidente: o que é normal? O dia a dia nos diz, mesmo que não diga mais nada, que as pessoas são diferentes. Umas são mais voláteis do que outras, umas são mais suscetíveis a oscilações de humor, umas são mais esquecidas, e assim por diante. Ver algumas diferenças como problemáticas é interpretá-las de um modo específico. E uma vez que aqueles que fazem a interpretação são diferentes, é provável que, em algumas situações, haja um desacordo quanto a quais diferenças são ou não problemáticas.

Talvez o desafio essencial apresentado pelo transtorno de múltiplas personalidades seja que alguns comportamentos são tão radicalmente divergentes entre si que parece impossível crer que todos possam emanar do mesmo indivíduo. É mais fácil acreditar que existam múltiplas personalidades por trás dos comportamentos distintos do que exista uma única personalidade se comportando de maneiras radicalmente diferentes. Nossa ideia de normalidade é baseada, ao menos em parte, em expectativas de consistência e previsibilidade. Mas em qual nível, tanto alto quanto baixo, devem estar essas expectativas?

> **PENSE NISSO**
>
> O filme Vampiros de almas (original de 1956, refilmado em 1978 com o título de Invasores de corpos) tem uma trama bem simples. Alienígenas estão apoderando-se do corpo de humanos. Eles ainda se parecem os mesmos, mas por dentro são diferentes. Como você saberia se o corpo de alguém próximo tivesse sido invadido por um alienígena? Em que medida o comportamento dessa pessoa seria diferente?

No(s) filme(s), o principal sinal externo de que as pessoas eram alienígenas é, em realidade, que estão sempre ajudando outros alienígenas a invadir mais corpos humanos. Além disso, as diferenças são mais sutis. Alguns veem o filme original como uma sátira ao período em que o senador Joseph McCarthy estava conduzindo uma caça às bruxas anticomunista nos Estados Unidos: como seria possível dizer pela aparência se alguém era comunista ou não? Se você tiver a oportunidade, assista a pelo menos um dos filmes.

O outro lado desse tipo de enigma pode ser visto ainda em outro filme: *As esposas de Stepford* (refilmado em 2004 com o título de *Mulheres perfeitas*). As mulheres em questão tornam-se tão previsíveis, tão semelhantes a robôs, que mal parece que sejam humanas. Você pode pensar que deseja previsibilidade, mas quanto dela você *realmente* quer?

O mundo está em constante mudança, e ainda assim você consegue navegar por ele com razoável êxito. Isso acontece porque você faz determinadas suposições básicas de que o futuro será parecido com o passado e de que as mudanças ocorrerão dentro de certos limites. (→ 24)

E AGORA? ▶ Na próxima vez em que alguém disser "Isso eu não esperava!", pergunte a si mesmo: "Por quê? O que era esperado?".

Só se pode prever algo depois de ter acontecido.

Eugène Ionesco

9. Você não pode fazer isso!

Algumas coisas estão sob seu controle; outras, não.

Epiteto

> **DO QUE SE TRATA?**
>
> De nada adianta tentar o impossível, mas como saber o que é impossível? Algumas coisas que pareciam impossíveis no passado são totalmente possíveis hoje.

O dia a dia apresenta-nos uma série de desafios e um tempo limitado para lidar com eles. Epiteto oferece um conselho prático sólido: não desperdice seu tempo tentando o impossível. Mas como saber o que é impossível? Por incrível que pareça, essa pergunta é de difícil resposta, e há diferentes tipos de impossibilidade.

> **FIGURA CHAVE**
>
> Epiteto (55-135)
> Obras mais importantes: *Os discursos, O manual.*

Epiteto foi escravo em Roma durante alguns anos. Depois de ser libertado, criou uma escola na Grécia. Seus "livros" são compilados das anotações de um de seus alunos, Arriano.

Podemos começar com o que pode ser denominado de impossibilidade absoluta ou lógica. Algo que seja absolutamente impossível é algo que jamais poderia acontecer neste ou em qualquer outro mundo. Na prática, a maioria (todos?) de nós só tem experiência direta deste mundo. Porém, a ficção científica oferece uma experiência, mesmo que indireta, de outros mundos. Apesar disso, para que faça sentido, qualquer forma de ficção deve representar um mundo que possa ser ao menos imaginado. Embora a imaginação seja, de várias formas, um veículo para liberação do mundo da experiência direta, há limites para ela.

> **PENSE NISSO**
>
> *Você consegue pensar em algo que jamais poderia existir em qualquer mundo possível? O que o faz impossível?*
>
> Algo que jamais pudesse existir é algo que apresenta uma contradição fundamental no próprio cerne. Um exemplo (muitas vezes dado em livros de lógica) é o do quadrado redondo. Algo pode ser redondo ou quadrado. Pode ser redondo agora e quadrado mais tarde, ou vice-versa, ou redondo visto de um ângulo e quadrado visto de outro. O que não pode ser é tanto redondo quanto quadrado quando visto do mesmo ângulo ao mesmo tempo. (Uma contradição sempre lida com pares de coisas, em vez de coisas isoladas.) Se um quadrado redondo não pode existir, então ninguém poderá desenhar um e nem mesmo imaginá-lo.

Contudo, pode-se argumentar que só porque *nós* não conseguimos conceber a existência de algo não significa que tal coisa não possa existir. Os limites da imaginação humana também são os limites do que é possível no universo inteiro? Essa é uma excelente questão filosófica, mas tentar respondê-la nos afastaria muito do dia a dia.

Para fins práticos, boa parte do pensamento sobre a impossibilidade é modelada pela ciência, razão pela qual se pode falar sobre impossibilidade científica, bem como de impossibilidade lógica. A noção de impossibilidade científica é a contraparte do conhecimento científico, e os dois evoluem em conjunto. Nas palavras de Arthur C. Clarke: "Quando um cientista ilustre, mas idoso, afirma que algo é possível, é praticamente certo que ele tenha razão. Quando afirma que algo é impossível, ele provavelmente está errado". A impossibilidade científica é bastante maleável, e uma série de coisas que já foram formalmente declaradas impossíveis hoje são não só possíveis, como também corriqueiras. Às vezes, é fácil esquecer que, antes de Roger Bannister correr uma milha (1.609 metros) em menos de quatro minutos em 1954, muitas pessoas bastante qualificadas estavam convencidas de que isso *era* impossível. Por que os cientistas dizem que algumas coisas são impossíveis? Porque não fazem sentido em termos de como entendem o mundo. Boa parte do progresso científico é consequência da recusa das pessoas em aceitar que algo seja cientificamente impossível.

Embora muitos vejam a ciência como a forma de conhecimento mais sólida que temos, os filósofos tendem a adotar uma abordagem mais cética. (→ 2) Filósofos da ciência dizem-nos que as teorias científicas são, em realidade, somente hipóteses, ideias propostas como explicações possíveis, mas que devem ser testadas. O modo de testar uma hipótese é tentar refutá-la analisando as evidências contra ela. Se não for encontrada evidência alguma, a hipótese pode ser verdadeira, mas tudo o que se sabe sem dúvida é que não há motivo para rejeitá-la *ainda*. Quando se encontram evidências contra uma hipótese, então se demonstrou que ela é falsa.

No entanto, as pessoas podem se apegar (e se apegam) a ideias e hipóteses diante de evidências consideráveis contra elas. Isso às vezes ocorre porque não existe uma melhor alternativa disponível. Por vezes, é possível remendá-las e fazê-las funcionar um pouco melhor. Em outras, estamos simplesmente tão apegados a elas que recorremos a vários expedientes, quaisquer que sejam as evidências. Isso equivale a dizer que é possível ter um apego psicológico a uma ideia ou hipótese muito depois que a lógica mandou abandoná-la. Todavia, o apego a qualquer ideia ou hipótese que se apresente como visão distorcida da realidade deve significar que se estão tomando decisões que não são baseadas nas melhores evidências possíveis. As atuais teorias científicas aceitas devem ser consideradas unicamente como o melhor que os cientistas propuseram até então. A impossibilidade científica é apenas provisória; mude a teoria, e o padrão de possibilidades também mudará. E, com efeito, a história da ciência nos diz que as teorias *realmente* mudam.

Em termos do dia a dia, não é tanto a impossibilidade absoluta ou científica que importa. O que está em jogo é o que consideramos *praticamente* impossível, e essa é, em essência, uma questão pessoal. Algo pode ser absoluta ou cientificamente possível, mas o que eu quero saber é se é possível *para mim*. O fato de que outros talvez consigam ter sucesso em algo não significa que eu possa. Algumas coisas que são praticamente impossíveis para mim o são pelo meu modo de ser. Sei que algumas pessoas conseguem correr uma milha em menos de quatro minutos, e sei que meu corpo é incapaz de tal feito. Por outro lado, algumas coisas que são praticamente impossíveis para mim o são em razão de como é o mundo ao meu redor. À medida que me deparo com o mundo, percebo que ele resiste e se opõe a mim de várias maneiras. Tenho de aprender o que ele me deixará ou não fazer.

Uma das máximas mais famosas da filosofia, derivada dos antigos gregos, é "conhece-te a ti mesmo". Ela foi interpretada de várias formas distintas, e uma delas é "conhece teus limites!". Mas como faço para aprender meus limites? Nesse caso, um dos grandes professores é a experiência. Se eu souber, quer goste ou não, que as coisas quentes do mundo podem me queimar, que as coisas afiadas cortam e que as coisas duras machucam, é porque eu me deparei com elas e é provável que ainda tenha uma cicatriz esquisita para comprovar. Isso tudo parece claro o bastante.

Outras experiências, no entanto, oferecem lições mais ambíguas. Se eu não passo em uma entrevista de emprego, a que conclusão devo chegar? Que eu estava tentando o impossível ou que estava tentando o possível do jeito errado? Em outras palavras, só porque algo parece impossível agora não significa que será impossível para sempre. Se o problema na entrevista foi que eu não apresentava determinada qualificação, então posso desistir de me candidatar a posições equivalentes ou posso tentar adquirir a qualificação. Desistir é aceitar, ou mesmo impor, um limite sobre mim mesmo que não necessita estar lá. Por isso, algumas áreas de impossibilidade prática parecem ser mais negociáveis do que outras.

Isso leva a uma questão mais geral. Seus princípios e crenças também podem servir para impor limites. Um exemplo simples: se você acredita veementemente que o roubo é errado, então descarta-o como solução para qualquer problema financeiro que possa ter. Para você, é praticamente impossível, embora, de outras formas, seja obviamente possível. De fato, talvez nem ocorra a você considerar o roubo, por isso seus princípios podem obscurecer opções que, ao menos fisicamente, estão bem além da sua capacidade. É por isso que se torna importante examinar seus princípios e suas crenças. Se o fizer, pode descobrir, para sua surpresa, que você não mais pode justificar a si mesmo princípios e crenças que vinham orientando em silêncio seu comportamento há anos. O efeito é um tipo de libertação. O impossível de súbito torna-se possível. E, como os milagres são impossíveis, a libertação parece milagrosa!

> **PENSE NISSO**
>
> A seguir, uma proposição para fazer você refletir. Existe algo em que você já acreditou ser errado e que agora acredita ser certo? Você teria feito qualquer coisa diferente na vida se continuasse acreditando que era certa? Da mesma forma, você agora se arrepende de algo feito no passado, mesmo que tenha pensado ser o mais correto na época?

Vir a perceber as coisas de maneira diferente é parte da vida. Crescer, educar-se e ganhar experiência podem modelar a sua visão de mundo. Às vezes, as mudanças são graduais; em outras, como na adolescência e em crises da meia-idade, elas ocorrem de um modo mais drástico e súbito. Ao olhar para trás, olha-se de onde se está, e não de onde se esteve.

Epiteto está certo em nos prevenir de tentar o impossível. Contudo, descobrir o que é ou não possível no dia a dia não é tão fácil quanto parece. Se você tenta o impossível, está perdendo tempo. Se não tenta o possível, está perdendo uma oportunidade na vida.

E AGORA? Sempre que alguém diz que algo é impossível, pergunte a si mesmo se isso é realmente verdade. E, mesmo que seja agora, deverá ser sempre impossível?

O esqui é uma batalha contra si mesmo, sempre na fronteira do impossível.

Jean-Claude Killy

10. Não tive escolha!

Liberdade significa responsabilidade.
É por isso que tanta gente tem medo dela.

George Bernard Shaw

DO QUE SE TRATA? Quantas vezes, no dia a dia, ouvimos as pessoas dizer: "Não tive escolha; tive que fazer"? Quando, se é que alguma vez, estão falando a verdade quando dizem isso?

Somos livres? Se somos, o que isso significa? Na vida e na linguagem diárias, "liberdade" costuma ser comparada e contrastada com "cativeiro". Pessoas que são mandadas para a prisão são privadas de sua liberdade. No entanto, esse não é o sentido normalmente conferido à palavra no debate filosófico. A filosofia tende a usar a palavra para significar algo mais profundo e fundamental.

PENSE NISSO Antes de passar para o próximo parágrafo, faça este exercício simples: feche o livro e abra-o novamente nesta página.

Presumo que você não tenha tido dificuldade com esse exercício? Presumo que ninguém que o tentou tenha fracassado (por mais tempo que você tenha levado para encontrar a página certa de novo!). Se foi tão fácil, qual o objetivo do exercício?

O objetivo foi ilustrar como a questão da liberdade é mundana e complexa. Presumindo que você realizou o exercício, poderia ter optado por não fazê-lo? Na superfície, essa parece ser uma pergunta bastante simples, até mesmo trivial. É claro que você poderia ter optado por não fazê-lo. Mas como sabe disso? A maneira evidente de testar isso seria voltar ao ponto no tempo em que você optou por fechar o livro e, então, escolher não fazê-lo. Infelizmente, a menos e até que a viagem no tempo seja possível, não se pode fazer uma coisa dessas. (→ 11) Isso, em realidade, constitui um obstáculo essencial contra a exploração da questão de liberdade de modo experimental.

Uma abordagem diferente é por um caminho mais subjetivo. Qual foi a *sensação* de fechar o livro e abri-lo novamente? Você sentiu que o fez em liberdade? Ou sentiu que, de certa forma, foi compelido a fazê-lo? Infelizmente, esse caminho logo leva a mais obstáculos. Os sentimentos estão longe de ser infalíveis, conforme comprovam de imediato e com frequência as ações de divórcio e os cartões de loteria descartados. Ninguém que faça uma reflexão séria acredita realmente que o mundo se torna um lugar mais frio quando está resfriado; apenas se tem essa sensação. De fato, a sensação que se tem das coisas é, muitas vezes, contrastada com o modo como as coisas realmente são, em vez de serem consideradas evidências de como as coisas realmente são.

> **PENSE NISSO**
>
> Você consegue pensar em algumas ocasiões em que seus sentimentos se mostraram guias confiáveis na vida? E em situações em que não se mostraram confiáveis? Sentimentos confiáveis ou não são percebidos da mesma forma? Em que medida você pensa que os sentimentos são confiáveis como um guia para a vida?

Os palpites por vezes funcionam, e nem todo casal acaba se divorciando. Os sentimentos de algumas pessoas são mais confiáveis do que o de outras ou é só uma questão de sorte? As emoções podem ser objetos de autoconsciência e desenvolvimento, assim como os princípios e as crenças. Não ter sentimentos costuma ser visto como um sinal de psicopatia, um termo raramente usado como elogio!

Se é difícil provar que se poderia ter feito uma escolha diferente, parece igualmente difícil provar que não se poderia ter feito uma escolha diferente! O problema é que, se você não pode saber se é livre ou não, como deve viver o dia a dia nesse estado de ignorância? (→ 2) Eu gostaria de sugerir uma solução pragmática para o problema. Ela se baseia no que é conhecido como "aposta de Pascal", embora a versão de Pascal tenha a ver com a existência de Deus, em vez da liberdade humana.

FIGURA CHAVE

Blaise Pascal (1623-1662)
Obras mais importantes: *Pensées, Cartas provincianas*.

Pascal era, antes de mais nada, um matemático e cientista que projetou uma máquina de calcular. Seus escritos filosóficos lidam basicamente com questões relacionadas à religião.

Minha versão é a seguinte.

Há quatro estados de coisas possíveis:

1. Você é livre e acredita que o seja.
2. Você é livre e não acredita que o seja.
3. Você não é livre e acredita que o seja.
4. Você não é livre e acredita que não o seja.

De imediato, podemos separar as opções 3 e 4. Se você não é livre, então não importa o que acredite ou tente fazer. Com a opção 1, você acredita com razão que é livre e age de acordo, e isso está bem. O problema mesmo está na opção 2. Nela, você é livre, mas se convence de que não o é. Ao fazer isso, priva-se da liberdade que realmente tem e vive a sua vida como se não tivesse controle sobre ela. Isso, parece-me, é a pior de todas as opções possíveis, e só ocorre se você acredita não ser livre. Não há dano comparável se você acredita que é livre e está errado. Portanto, é melhor acreditar que é livre e agir como se o fosse, mesmo que esteja errado.

Observe que isso não é prova de nada. Um dos desafios do cotidiano é ter de tomar decisões na ausência de certeza. (→ 24) A história do asno de Buridan é uma ilustração disso. O pobre animal morreu porque estava a meio caminho entre duas pilhas igualmente atraentes de feno e não conseguiu decidir qual comeria. Presumindo que você tem liberdade, o que isso significa? Que diferença faz o fato de ser livre ou não? A resposta habitual é que a liberdade traz responsabilidade. Você assume responsabilidade pelo que escolhe fazer. A questão da liberdade de escolha é algo a ser considerado pelos tribunais penais e, ao longo dos anos, houve algumas decisões bem interessantes. Quando as pessoas alegam que, por estarem sendo ameaçadas, "não tiveram escolha" e receberam bens roubados ou cometeram um incêndio intencional, os tribunais por vezes se mostram solidários. A seguir, apresento um caso mais extremo de 1884.

> **PENSE NISSO**
>
> Três homens estavam à deriva em um barco aberto em alto-mar há vinte dias. Durante esse tempo, eles mal comeram ou beberam. Um deles estava perto de morrer. Os outros dois decidiram matá-lo e comê-lo. Quatro dias depois, foram resgatados. Eles foram, então, acusados de assassinato. Se você estivesse no júri, teria decidido que eram culpados ou inocentes? Por quê?

Os dois homens acusados chamavam-se Dudley e Stephens, e foram considerados culpados. O tribunal reconheceu a terrível situação em que se encontravam, mas decidiu que ainda tinham uma escolha. A escolha era literalmente uma questão de vida ou morte; a escolha entre tirar a vida de outro ou sacrificar a própria. O veredito do tribunal foi severo, mas lógico. Só porque uma das opções disponíveis é completamente repulsiva não diminui sua condição de opção. E, conforme destacou um dos juízes, há ocasiões em que se espera realmente que as pessoas sacrifiquem a própria vida pelo bem de outras.

Vale a pena ressaltar que o que é repulsivo para uma pessoa pode não ser igualmente repulsivo para outra. Que os tribunais tiveram alguma comiseração por Dudley e Stephens é mostrado pelo fato de que as sentenças de morte foram trocadas para seis meses de prisão. E se eles fossem canibais praticantes que gostassem de comer carne humana?

Dizer "não tive escolha" também é dizer "não sou responsável pelo que fiz, porque as coisas não poderiam ter ocorrido de outra forma". Dizer "não tive escolha" quando sei que tive opções é fugir da responsabilidade. Conforme observaram existencialistas como Jean-Paul Sartre, a liberdade nem sempre é bem-vinda porque traz responsabilidade, e isso nem sempre é confortável. Às vezes, é mais fácil fingir que não se é livre do que enfrentar a responsabilidade que se tem.

FIGURA CHAVE

Jean-Paul Sartre (1905-1980)
Obras mais importantes: *O ser e o nada, Existencialismo e humanismo.*
Sartre passou a maior parte da vida em Paris e participou da resistência francesa durante a Segunda Guerra Mundial. Romancista e filósofo, ganhou o prêmio Nobel de literatura em 1964, mas o recusou.

A responsabilidade não precisa ser assustadora. Muitas vezes, você anseia por levar o crédito por coisas que fez e sente extremo orgulho de ser associado a elas. Esse tipo de desejo de responsabilidade pode até levar as pessoas a reivindicá-la por coisas que não fizeram! Elas tendem a demonstrar menos entusiasmo em assumir responsabilidade quando pode estar acompanhada de *culpa*. Visto que a culpa é uma forma de crítica moral, e por vezes carrega consigo punição e censura, não é surpresa que as pessoas geralmente queiram evitá-la.

Se eu golpeio alguém com o famoso instrumento contundente e essa pessoa morre, parece óbvio que sou responsável pela morte e devo assumir a culpa. Mas será tão evidente assim? E se eu fui provocado? E se estivesse agindo em defesa pessoal? E se acreditasse que a outra pessoa estava prestes a me atacar? E se acreditasse que a outra pessoa era o demônio? E se estivesse bêbado e tivesse apenas uma ideia nebulosa do que estava acontecendo? É evidente que sou responsável no sentido de que eu (na forma do meu corpo físico) dei o golpe fatal, mas depois disso tudo se torna bem menos transparente. Em realidade, os tribunais ingleses já inocentaram pessoas de assassinatos devido a todos os motivos listados em um ou outro momento.

E isso não é tudo. Posso ter optado por fazer algo, mas optei por ser eu mesmo? (→ 15) Problemas de responsabilidade e culpa não são meras circunstâncias de fato; são muito mais complexas do que isso.

No final, se você foge da culpa, foge da responsabilidade. E, se você foge da responsabilidade, foge da liberdade. E, se você foge da liberdade, torna-se um prisioneiro.

E AGORA? Na próxima vez em que você se encontrar tentado a dizer "não tive escolha", pare e pense: você não teve escolha mesmo? Ou só está tentando evitar a responsabilidade?

O homem é condenado a ser livre.

Jean-Paul Sartre

11. Chegou a hora?

Afinal, o que é o tempo? Se ninguém me perguntar, sei o que é. Se desejo explicar a quem me perguntar, não sei.

Agostinho de Hipona

DO QUE SE TRATA? Quantas vezes você olha para o relógio ou pergunta as horas para alguém? O tempo está sempre em segundo plano regulando nosso dia a dia. Mas o que é o tempo? E será que você realmente tem de ser escravo dele?

Uma das coisas que a filosofia proporciona é fazer pensar sobre coisas que você jamais pensaria normalmente. Dessa forma, descobre que muitas coisas que parecem óbvias acabam revelando-se tudo menos isso. No dia a dia, o tempo só parece ser algo que está lá. Mas isso não é tudo.

Em primeiro lugar, vale ressaltar que fazemos uma série de suposições sobre como o tempo funciona diariamente. Quando vou me deitar à noite, presumo que acordarei na manhã seguinte, e não na anterior. (→ 8) Você presume que o tempo tenha determinada direção e que essa direção seja capturada pelas noções combinadas de passado, presente e futuro. Por esse motivo, presume que pode influenciar o futuro de um modo que não é possível influenciar o passado. Até então, voltar ao passado permanece no reino da ficção científica, e a maioria dos cientistas duvida se um dia será um "fato científico". (→ 9) Você também presume que pode saber coisas sobre o passado e o presente de um modo que não é possível saber coisas sobre o futuro. O passado é fixo, mas o futuro ainda não aconteceu, embora experimentos recentes com neutrinos, que, ao que tudo indica, deslocam-se acima da velocidade da luz, possam levar a uma reconsideração de antigas certezas.

No entanto, diferentes culturas têm diferentes visões sobre como funciona o tempo, e nem todas pensam ou falam sobre ele tal como nós. Algumas o medem com exatidão, seja em frações de segundo ou em milhares de anos; outras o abordam de maneira muito mais global. Algumas acreditam que a história tem um ponto de partida e um ponto de chegada e que se move em linha reta entre eles. Outras creem que a história move-se em círculos.

Entre os que acreditam que o tempo se desloca em linha reta, alguns acham que o passado era melhor do que o futuro, e outros, que o futuro será melhor do que o passado. Os que pensam que o passado era melhor tendem a rememorar uma idade de ouro, um paraíso perdido. Os que defendem que o futuro será melhor acreditam no poder do progresso. "Passado" e "futuro" podem ser tanto avaliações quanto descrições. Há diversas formas diferentes pelas quais se pode pensar sobre o tempo.

Um dos primeiros filósofos gregos a apresentar questões sérias sobre a natureza do tempo foi Zenão de Eleia. Ele desenvolveu uma série de paradoxos que ainda nos fazem queimar neurônios. Um dos mais famosos é conhecido como "a pista de corrida". Vejamos o que você conclui dele.

> **PENSE NISSO**
>
> Para cobrir a distância de uma extremidade à outra da pista de corrida, primeiro você deve cobrir metade da distância. E, para cobrir metade da distância, é preciso primeiro cobrir um quarto da distância, e assim por diante. Porém, como há um número infinito de pontos que você deve cobrir para chegar de uma extremidade à outra da pista de corrida, você jamais conseguirá fazê-lo porque não pode cobrir um número infinito de pontos em um período finito.

À primeira vista, a conclusão parece ridícula. As pessoas conseguem ir de uma extremidade à outra de uma pista de corrida o tempo todo. Há duas respostas para isso. A primeira é sim, claro que conseguem, logo Zenão deve estar equivocado. Contudo, se a resposta é afirmativa, onde está a falha no argumento dele? (→ 4) A segunda é que o argumento de Zenão é sólido; então, embora acredite que as pessoas consigam chegar de uma extremidade à outra de uma pista de corrida o tempo todo, você deve estar errado! A chave para solucionar o problema é esta: se você leva quatro minutos para caminhar de uma extremidade à outra da pista de corrida, precisará de dois minutos para caminhar metade do caminho, um minuto para caminhar um quarto, e assim por diante. Tudo bem até então, mas Zenão muda as regras do jogo; ele presume que a distância percorrida pode ser dividida em um número finito de pequenos pontos, mas não permite que se faça o mesmo com o tempo necessário. Isso significa que, no final das contas, leva-se um tempo finito para percorrer uma distância infinitamente pequena. Visto que há um número infinito de pontos em qualquer comprimento finito, se cada um exige um tempo finito para ser percorrido, jamais se pode chegar a lugar algum.

FIGURA CHAVE

Zenão de Eleia (século V a.C.)
Obras mais importantes: apenas alguns fragmentos de suas várias obras foram preservados.

Zenão, com um outro filósofo, Parmênides, visitou Atenas, onde ambos conheceram Sócrates. Diz-se que ele foi torturado e executado por tentar causar a queda de um tirano.

Filósofos como Zenão estavam preocupados com as propriedades físicas do tempo; com o tipo de coisa que ele é. Esse tipo de tempo é aquele medido com relógios de precisão cada vez maior. Esse tipo de tempo é concebido como impessoal e algo inteiramente externo a nós. Nem todos os filósofos concordam com tal ideia de tempo. Immanuel Kant, em especial, argumentava que o tempo é algo imposto ao mundo. O tempo é apenas parte do modo pelo qual a mente interpreta o mundo. Você vê o mundo de uma determinada forma porque é assim que é equipado a vê-lo. Você vê o mundo em termos de certas cores porque essas são as únicas que você é preparado para ver. Se a mente tivesse uma configuração diferente, você teria uma experiência distinta do tempo. Nem precisa dizer que a abordagem de Kant era, e continua sendo, radical.

PENSE NISSO

Eis algo para refletir. Se você seguir a direção da linha de raciocínio de Kant, então se a sua mente fosse diferente, a experiência do tempo também seria diferente. Presumindo que ao menos alguns animais tenham mente, e imaginando que sejam diferentes da nossa, será que eles têm uma experiência distinta do tempo?

É evidente que há muita suposição aqui! A única resposta honesta é que não se sabe. Mas o problema pode ser abordado de uma direção diferente. Se alguém descobrisse que os animais têm uma experiência do tempo diferente da nossa, isso mostraria que Kant estava certo?

Mesmo se Kant estivesse certo, a forma como você tem a experiência do mundo não muda, somente a explicação de por que compreende o mundo de tal forma. Porém, há outra forma de considerar o tempo que leva em uma direção um tanto diferente. Se você está entediado ou esperando algo, o tempo passa com lentidão. Contudo, se está se divertindo e não quer que acabe, o tempo passa voando. Segundo uma piada (contada com muitas variações), se você abandonar o sexo, as drogas e o rock and roll, não viverá mais tempo, mas terá essa impressão. A constatação básica é a seguinte: no final, é a sua experiência do tempo que é mais real para você do que qualquer coisa que os relógios possam dizer.

Finalmente, o tempo é um daqueles conceitos que é sempre associado a uma série de metáforas e analogias diferentes, as quais ajudam a modelar a forma como se pensa. Por exemplo, cientistas como Stephen Hawking falam de uma "flecha do tempo", enquanto Benjamin Franklin fez a observação célebre de que "tempo é dinheiro". Não há motivo para crer que um ou outro quiseram se expressar literalmente. O que Hawking está dizendo é que existe *uma forma na qual* o tempo pode ser visto como uma flecha, e o que Franklin afirma é que existe *uma forma na qual* o tempo pode ser equiparado ao dinheiro. O tempo é como uma flecha porque se move em uma direção, e é como o dinheiro porque pode ter valor de troca. As duas analogias e metáforas identificam semelhanças entre as coisas, mas tais semelhanças são limitadas. Seria difícil entender alguém que quisesse dizer que o tempo era como uma flecha ou como dinheiro *em todos os aspectos*. Sem dúvida, você não aceitaria "flecha" ou "dinheiro" como definição do tempo. O perigo é quando se esquece estar usando metáforas. O tempo é algo que pode ser literalmente poupado, assim como o dinheiro? Ou a ideia de "poupar tempo" é uma extensão injustificável da analogia de que o tempo, de certa maneira, é semelhante ao dinheiro? Se a ideia de poupar tempo como se fosse dinheiro está exagerando na analogia, então pode levar a formas de pensamento inúteis e malsucedidas. Se o tempo não é o tipo de coisa que pode ser salva, então de nada adianta tentar encontrar meios de poupá-lo. Clichês desgastados podem ser apenas entediantes e desprovidos de conteúdo, mas analogias e metáforas desgastadas podem induzir a uma série de erros ou levar a vários becos sem saída!

    O que Agostinho percebeu foi que, quando realmente se para a fim de pensar sobre o tempo, descobre-se que o conhecido e o lugar comum podem começar a parecer qualquer coisa menos isso. Tal conceito não é válido apenas para o tempo, mas também para a maioria das coisas que você costuma tomar como certas no dia a dia.

E AGORA? Na próxima vez em que você tiver a impressão de que o tempo está passando mais lentamente ou mais rapidamente do que o normal, pergunte a si mesmo por que isso acontece. Você consegue fazer com que passe com mais ou menos velocidade do que o normal?

Para o homem primitivo, a noção de espaço era um mistério incontrolável. Para o homem da era tecnológica, é o tempo que tem esse papel.

Marshall McLuhan

12. Como foi para você?

Realidade é o que eu vejo, não o que você vê.

Anthony Burgess

DO QUE SE TRATA? Embora, por um lado, todos vivam no mesmo mundo, de outro todos vivem em mundos diferentes. Onde se vive, quando se vive, como se é criado e as experiências que se podem ter fazem uma diferença enorme na forma de ver as coisas. Se você presume que todos veem as coisas da mesma forma que você, está cometendo um grande erro.

Assim como o tempo (→ 11), a realidade tende a ser uma daquelas coisas que se admitem como fato consumado no dia a dia. Isso é um erro! Longe de ser uma questão simples, é de uma complexidade notável que ocupa a mente de filósofos há séculos. Uma das questões filosóficas mais antigas é se a maneira como o mundo aparece para nós, para nossos sentidos, reflete ou equivale a como ele realmente é. Há muitas maneiras distintas pelas quais se pode saber se as coisas não são exatamente como parecem. O sol, ao se pôr, não fica maior conforme se aproxima do horizonte; só parece que fica. Uma faca não se dobra por alguma força misteriosa quando é submersa pela metade na água; só parece que se dobra. E assim por diante.

No entanto, por mais interessante que seja, não é esse aspecto do problema da realidade que será considerado aqui. Ao contrário, quero que você pense sobre a medida pela qual temos uma realidade *compartilhada*. Vivemos todos no mesmo mundo ou em uma série de mundo distintos e, muitas vezes, conflitantes? Ao lidar com outras pessoas, você também está lidando com outros mundos? À primeira vista, essa ideia pode parecer absurda. É claro que estamos todos vivendo no mesmo mundo! Para todos nós, Leste é Leste, Oeste é Oeste e gravidade é gravidade. Isso pode ser verdade, mas não é a realidade física que está em jogo aqui, e sim as realidades social e pessoal.

A ideia de realidade social pode ser mais bem abordada por meio da experiência da viagem. Mesmo o deslocamento pelo próprio país pode expor as diferentes formas de fazer as coisas, e isso é ainda mais acentuado ao viajar para outros países, sobretudo nos que se falam outros idiomas. Em inglês, a palavra "estrangeiro" significa não só "de outro país", como "estranho" (e o mesmo duplo sentido também pode ser encontrado em outros idiomas). Países estrangeiros são desconhecidos não só porque têm uma aparência distinta (caso o tenham), mas também porque as pessoas de lá se comportam de outra maneira. Isso é facilmente visto, por exemplo, em quando as pessoas comem, em o que comem e em como o fazem. A importância do alimento como item cultural não deve ser subestimada, e a comida exerce uma função essencial no dia a dia.

Os primeiros cínicos, como Diógenes de Sínope, viam com mais clareza do que a maioria de seus contemporâneos quanto do dia a dia é governado pela convenção. Que nos socializemos com base em convenções e fiquemos presos a elas não muda o fato de que são convenções; só dificulta enxergar esse fato.

FIGURA CHAVE
Diógenes de Sínope (*c.* 410-*c.* 320 a.C.)
Obras mais importantes: uma série de escritos foi atribuída a ele, mas restaram somente ditos isolados.

Diógenes deixou sua cidade natal por algum motivo obscuro e, por fim, chegou a Corinto, talvez como escravo. Por diversos anos, diz-se que ele viveu naquela cidade em um barril.

A realidade social é, em essência, uma realidade *combinada*. No Reino Unido, as pessoas concordam em dirigir em um lado da rua; nos Estados Unidos, concordam em dirigir no outro. Não importa qual seja a convenção, contanto que todos a compartilhem. No caso de uma convenção referente a qual lado da rua se deve dirigir, as consequências de uma recusa em respeitar a convenção podem ser fatais. Na maioria dos casos, o preço do não conformismo não é tão alto, mas sistemas legais impõem convenções de uma maneira formal, até e inclusive a execução em muitos lugares, e as práticas tradicionais envolvendo um tipo ou outro de pressão dos pares fazem o mesmo com mais informalidade. Só porque algo é "apenas" uma convenção não significa que não seja levado a sério.

PENSE NISSO

Você consegue pensar em regras ou leis sociais que não sejam convenções? Se não são convenções, o que são?

Cínicos como Diógenes faziam uma distinção entre o que era "natural" e o que era "convencional". A maior parte das práticas era considerada convencional. Acima de tudo, eles consideravam a atividade sexual como natural e, ao que tudo indica, muitas vezes escandalizaram seus contemporâneos participando de tal atividade em público. Pode-se argumentar que as leis que proíbem o assassinato são bem mais fortes do que convenções, porque uma sociedade que não proíba as pessoas de se matarem não sobreviveria por muito tempo. Se uma lei é, de certa maneira, *necessária*, isso sugere que seja mais do que uma mera convenção.

Embora possa haver uma concordância formal sobre algumas convenções sociais, como o lado em que se deve dirigir, muitas outras simplesmente evoluem. A etiqueta não é algo que emerge de um procedimento reconhecido de negociação. É por isso que pode ser muito difícil aprendê-la ou mesmo estar ciente dela. Um estrangeiro pode ter dificuldade em dizer o que é questão de etiqueta (e, por isso, importante entender e se adequar a ela) e o que é apenas uma questão de preferência pessoal. O conhecimento da etiqueta também pode envolver um conhecimento do que deve ou não ser entendido literalmente. Stephen Leacock, no conto *The Awful Fate of Melpomenus Jones*, narra a triste história de um homem incapaz de resistir aos convites educados de seus hóspedes para que fique um pouco mais e acaba morrendo na casa deles. Ele não entende que estão apenas sendo educados. De acordo com a etiqueta, alguns convites são feitos somente com base no entendimento implícito de que devem ser recusados.

Visto que você é modelado pela sociedade na qual cresce e vive, a realidade pessoal sofre uma forte influência da realidade social. A própria linguagem que você aprende a falar contribui em muito para estruturar a forma pela qual percebe o mundo. (→ 22) Contudo, além dessa realidade compartilhada, também existe uma pessoal, que deriva de suas experiências, criação, educação etc. Cada um de nós absorve e desenvolve a própria configuração particular de ideias, suposições, vieses e valores. Com tudo isso em segundo plano, você está sempre interpretando o que percebe, traduzindo as matérias-primas apresentadas a seus sentidos na forma como *você* pensa que o mundo é. Isso é perfeitamente normal, mas podem surgir problemas se você presumir que os outros interpretam as coisas da mesma maneira.

Veja a seguir um exemplo do dia a dia para ilustrar o que quero dizer. Quando estava com pouco mais de setenta anos, minha avó começou a perder a audição. Ela insistia que o problema não era que a audição dela estava piorando, mas que as outras pessoas estavam falando mais baixo e com menos clareza. Nem se questionava o fato básico de que ela estava achando mais difícil ouvir o que as pessoas estavam dizendo. Porém, havia mais de uma interpretação desse fato em jogo. Na realidade dela, ela não estava ficando surda, mas na realidade dos demais, estava. Na realidade dela, a solução era que os outros falassem mais alto e com mais clareza; na realidade dos demais, a solução era que ela fizesse algo a respeito da surdez.

Rashomon, de Akira Kurosawa, é uma ilustração menos cotidiana, porém dramática do problema de pessoas que têm realidades diferentes. Também é um ótimo filme. Nele, quatro pessoas diferentes apresentam seus relatos de algo que aconteceu em uma floresta. No entanto, as quatro versões são bem distintas, e é impossível conciliá-las. Não é possível que todas sejam precisas.

O que temos, ao que tudo indica, é um confronto de quatro realidades separadas e nenhum meio de dizer qual é "mais" ou "menos" real, exceto, talvez, o que nossas suposições e vieses podem nos levar a crer. Há duas perguntas óbvias que podem ser feitas sobre as quatro versões. Primeiro, até que ponto as memórias das quatro pessoas são confiáveis? Segundo, que motivos cada uma delas pode ter para mentir? (→ 3)

Só porque alguém vê as coisas de determinada forma não significa que essa perspectiva seja tão válida quanto qualquer outra. Por exemplo, sabe-se que o daltonismo existe porque se pode identificá-lo com objetividade por meio de testes. Pode-se distinguir entre melhor ou pior audição usando testes projetados para estabelecer quais frequências as pessoas conseguem escutar ou não. Logo, não é preciso fazer uma atribuição automática de valor igual a todas as realidades pessoais. Mas não posso dizer que a minha é melhor que a sua só por ser minha! Deve haver razões objetivas para preferir uma em detrimento da outra. O fato de que muito mais pessoas apoiam uma, e não outra, não faz com que a mais popular seja melhor, assim como o chinês não é uma língua melhor do que o vietnamita só por ser falada por um número maior de pessoas.

Também vale ressaltar que, embora a tendência seja presumir que a "nossa" realidade é relativamente estável, as pessoas podem passar por experiências de vida que transformam por completo a maneira como veem as coisas. Duas óbvias são converter-se a uma religião e apaixonar-se. A conversão religiosa pode mudar toda a percepção sobre a vida, ao passo que alguém que se apaixona pode mudar apenas o ponto de vista sobre determinada pessoa, mas ambas nos levam a ver o mundo, ou ao menos parte dele, de um modo bem diferente. Como o mundo pareceria para nós se nos apaixonássemos por tudo o que há nele? No dia a dia, você age de acordo com a própria realidade e interpreta o que os outros fazem segundo essa realidade. Todos os demais estão fazendo exatamente o mesmo o tempo todo. Assim, você interpreta o que eu faço de acordo com o modo como vê as coisas, enquanto eu interpreto o que você faz segundo o modo como eu vejo as coisas. Mal-entendidos não devem ser surpresa alguma; em realidade, a ausência de mal-entendidos pode ser considerada um feito genuíno. Assim que se torna ciente de que outras pessoas vivem nas próprias realidades e não na sua, você começa a entender o motivo de muitos mal-entendidos. O que você está ouvindo e o que os outros estão tentando lhe dizer costumam ser coisas bem distintas. Pesquisas mostram que diferenças de classe social, renda e escolaridade, entre outros aspectos, podem levar a visões de mundo bem diferentes, e a ideia de que homens e mulheres vêm de "planetas" distintos é praticamente lugar comum.

E AGORA? Na próxima vez em que você estiver em desacordo com alguém, pergunte a si mesmo: "Estamos vendo as coisas de um modo diferente? Se estamos, que motivo eu tenho para acreditar que estou vendo as coisas *melhor*?".

Ah, se tivéssemos o poder de nos ver como os outros nos veem!
Robert Burns

13. A vida não se resume a compras!

O dinheiro não compra amigos, mas com ele se ganha uma classe melhor de inimigos.

Spike Milligan

DO QUE SE TRATA? Por todo o mundo, as pessoas compram e vendem coisas todos os dias. Porém, no decorrer da história humana, as opiniões mudaram em relação ao que deve ou não ser vendido e ao que deve ou não ser comprado. É fácil presumir que as coisas sempre foram do jeito que são agora, mas isso é quase sempre falso. Se for para viver a vida examinada, é preciso estar preparado para refazer perguntas antigas. O que deve ser vendido e o que deve ser comprado? E, como sempre, por quê?

Comprar e vender é uma parte do dia a dia para a maioria das pessoas. Nem todos comercializam mercadorias, mas a compra de um jornal, café ou refeição está dentro do escopo de nossa experiência. Muitas pessoas trabalham nos setores de varejo ou serviços, nos quais comprar e trabalhar são basicamente a mesma coisa. Surge uma série de questões éticas com respeito à compra e venda, sobretudo em relação a dizer a verdade. (→ 3)

No entanto, esse não é o tópico deste debate. Quero suscitar uma questão mais fundamental. Se entrarmos em uma discussão sobre ser ou não admissível contar mentiras ao, por exemplo, vender uma casa, então já estamos aceitando sem questionar que não há problema algum em vender uma casa *como tal*.

Ainda assim, a maioria das pessoas concorda que a compra e venda de seres humanos é errada. Portanto, temos uma noção de que está correto comprar e vender algumas coisas, mas não comprar e vender pessoas. Outra maneira de dizer isso é que é admissível tratar algumas coisas como mercadorias, mas não os seres humanos.

Depois de se estabelecer a existência de uma distinção, a questão é descobrir de onde ela é obtida e por quê. Onde se deve traçar o limite entre coisas que são e que não são mercadorias? Há mais um matiz a ser considerado. Pode ser admissível comprar algumas coisas, mas não vendê-las, e pode ser admissível vender algumas coisas, mas não comprá-las. Tudo ficará claro (eu espero) no devido tempo.

A história sempre ensina lições quando se está disposto a procurá-las, e uma das maiores lições que ela nos ensina é que coisas e ideias mudam. A abolição da escravatura é um desenvolvimento relativamente recente na história humana. Muitas sociedades não teriam existido sem ela, e vários filósofos eram fervorosos defensores dela. Para Aristóteles, algumas pessoas eram simplesmente escravas por natureza, e não havia mais o que discutir. Platão também não tinha problemas com a escravidão, mas ficava indignado com a ideia de que pessoas que se chamavam filósofas *cobrassem* por seus serviços. Hoje a maioria das pessoas, e sobretudo a maioria dos filósofos, discordaria de Aristóteles e de Platão.

FIGURA CHAVE

Platão (*c.* 424- *c.* 348 a.C.)
Obras mais importantes: *A república, Protágoras, Timeu*

De família rica, ele era o discípulo mais famoso e importante de Sócrates. Envolveu-se com política na Sicília durante um tempo, mas sem muito sucesso.

PENSE NISSO

Você consegue pensar em algo que não pode ser comprado?

Uma pista para encontrar algo que não pode ser comprado parece estar no início deste capítulo. Spike Milligan não inventou a ideia de que "dinheiro não compra amigos", nem foram os Beatles os primeiros a descobrir que "dinheiro não compra amor" [da canção *Can't Buy me Love*]. Se esses enunciados estão certos, por que estão certos? O raciocínio por trás das duas observações é que fazer amizade com alguém ou se apaixonar por uma pessoa é algo que *acontece*, em vez de algo que se pode *escolher* que aconteça. Posso me forçar a gostar de ou a amar alguém? Se não, então a adição de dinheiro à equação não pode fazer diferença alguma. Por outro lado, o título do best-seller de Dale Carnegie, *Como fazer amigos e influenciar pessoas*, sugere que nem todos concordam com essa visão de amizade. Ou talvez tenham uma visão diferente do que seja "amizade"? Se amizade e amor são coisas que podem ser compradas ou não, a ideia fundamental permanece intacta: se algo não pode ser forçado a acontecer, então o dinheiro não pode fazer com que aconteça.

Entre as várias coisas que *podem* ser compradas, há muitas delas que várias pessoas consideram que *não devem* ser compradas. Os motivos para tais visões nem sempre são claros e, quando o são, nem sempre são coerentes. A tendência é termos várias opiniões sem necessariamente saber por que as temos ou de onde surgiram. A maioria das pessoas concordaria que a escravidão é errada, assim como a maioria das pessoas concordava que ela era certa. Mas por que é errada? Acredito que o melhor argumento é baseado no valor de, e no respeito em relação a, pessoas (→ 6), mas outros podem ter ideias distintas. A mesma abordagem pode ser adotada acerca da prostituição. Se uma pessoa for tratada meramente como objeto, apenas como meio para os próprios fins, então essa pessoa não está sendo respeitada como deveria. Todavia, é comum a tendência a crer que as coisas estão erradas (ou certas) sem ter o argumento de apoio para sustentar a opinião.

Existe uma opinião bastante disseminada de que a compra de certos tipos de droga é errada. No Reino Unido, ao menos, a própria palavra "droga" tende a ser interpretada como algo que é errado comprar, mesmo que exista todo tipo de droga com o qual a maioria das pessoas se sente totalmente à vontade.

Compare o sentido normal dado a "tomar drogas" com o sentido normal de "tomar remédios"! (→ 22) No entanto, pesquisas mostram que, em alguns países, a crença de que tomar determinadas drogas é errada por vezes emergiu depois que essas drogas se tornaram ilegais. As pessoas costumam surpreender-se ao descobrir que Sigmund Freud não só usava cocaína, como também a recomendava. A ideia de que as drogas não devem ser compradas nem usadas porque são prejudiciais geralmente resulta de uma racionalização, e não de uma razão. Os danos causados pelo álcool e pelo tabaco são muitas vezes esquecidos por conveniência. (→ 7)

Se é errado comprar algo, então faria sentido acreditar que também é errado vendê-lo. Contudo, nem sempre funciona assim. Em alguns países, não é ilegal comprar certas drogas, mas a sua venda ou posse é ilegal. Em alguns países, a prostituição pode ou não ser ilegal, dependendo de qual lado da transação você está. As leis nem sempre são racionais.

PENSE NISSO

Deixando de lado os casos que já foram considerados (pessoas, sexo, drogas), você consegue pensar em algo que não deva ser vendido? Por que você acredita que isso não deve ser vendido?

A forma óbvia de abordagem a essa questão é por meio da noção de uma necessidade. Seria aceitável para um governo ou uma empresa monopolizar o ar e vendê-lo às pessoas? Presumo que a maioria das pessoas dirá "não" e, se forçadas a dar um motivo, dirão que é porque precisamos de ar para respirar e precisamos respirar para viver. Se fosse preciso ter condições financeiras para comprar ar e poder viver, é provável que morreriam milhões. E, se isso é verdadeiro para o ar, o que dizer da água? E, se for verdadeiro para a água, o que dizer da assistência médica? E, se for verdadeiro para a assistência médica, o que dizer da habitação? E assim por diante. Se você quiser ser consistente, então qualquer que seja o argumento que acredita ser válido para o ar também deve ser mantido para outras coisas como o ar. Se o argumento acerca do ar é baseado na ideia de que ele é necessário para a vida, então o mesmo argumento deve ser válido para todas as necessidades. Observe que, se alguém estiver vendendo água, não é necessariamente errado comprá-la. A relação entre comprador e vendedor, tanto comercial quanto moralmente, muitas vezes é assimétrica.

No filme *Trocando as bolas* (em que ocorre muita compra e venda), dois irmãos ricos fazem uma aposta que tem um efeito massivo na vida de duas outras pessoas, com uma delas perdendo tudo o que tem. Quando se revela que a aposta é de apenas um dólar, todos ficam surpresos. Mas as ações dos irmãos ricos seriam mais justificáveis se a aposta tivesse sido maior? Um matador de aluguel que cobra apenas cinquenta libras para assassinar alguém é mais imoral do que outro que cobra 5 mil libras ou só é bem mais barato?

Algo é uma mercadoria se o seu valor puder ser convertido em outra coisa, e quase sempre essa coisa é dinheiro. Tratar algo como mercadoria é deixá-lo à deriva no mar das forças de mercado. Se você está acostumado a tratar certas coisas como mercadorias e outras não, talvez não saiba por que as trata de forma distinta nem a diferença que isso faz. Tornar-se ciente dos julgamentos que se faz sem pensar é o primeiro passo para controlá-los. Uma maneira de se tornar ciente do que você acredita é refletindo sobre o que faz. Sempre que compro ou vendo algo, estou mostrando que acredito ser admissível fazê-lo.

E AGORA? Na próxima vez em que você comprar algo, pergunte a si mesmo: "Existe algum motivo para eu não comprar isso?".

Eu faço o tipo de personagem que venderia a própria avó para avançar na carreira, algo bastante comum entre atores.

Hugh Grant

14. O que significa?

É de fato muito bem dito que "em todo objeto existe significado inexaurível; os olhos nele veem o que têm o poder de ver".

Thomas Carlyle

DO QUE SE TRATA?

Vivemos em um mundo repleto de significados. Estamos sempre recebendo e transmitindo mensagens carregadas de significado. Muitas vezes, no entanto, temos apenas consciência bastante limitada do conteúdo dessas mensagens. Quanto mais conscientes nos tornamos, maior é o controle que temos sobre o processo de comunicação.

Há diversos tipos de significado. Existe "o significado da vida", pelo qual se quer dizer o *objetivo* da vida. Existe o tipo de significado de palavras que podem ser consultadas no dicionário. (→ 22) Existe também o sentido em que se fala de coisas que significam algo quando são importantes para nós. O que pretendo analisar aqui é o significado de *coisas*. O mundo ao seu redor é repleto de coisas com significado. Por vezes, você está ciente disso, sobretudo quando tem de fazer um esforço consciente para aprender esses significados. Se aprendo a dirigir um carro, tenho de aprender o que significam as diferentes placas de trânsito: esta significa que não posso estacionar aqui, aquela significa que tem uma ponte baixa adiante, aquela outra significa que a rua é sem saída, e assim por diante. Algumas vezes o significado é óbvio e, em outras, não. Se não for, é preciso mais que um esforço consciente para aprendê-lo. É comum aprender os significados de coisas sem ter de fazer esforço algum. Eles simplesmente são adquiridos no decorrer da vida, e até se pode esquecer que algum dia os aprendemos. Se fazemos isso, é fácil acreditar que os significados, na verdade, estão *nas* coisas.

PENSE NISSO

Um exemplo ajudará a ilustrar essa questão. O que significa a bandeira dos Estados Unidos, com as estrelas e listras? Em certo nível, não significa nada. É só um padrão de formas e cores. Alguém que veja tal padrão pela primeira vez não veria significado algum nele. Em outro nível, ela representa os treze estados originais dos Estados Unidos (nas listras) e os cinquenta estados atuais daquele país (nas estrelas). Isso pode ser explicado para e compreendido por qualquer um. Indo além disso, as coisas já se complicam. Se você for americano, significará uma coisa para você. Se não for americano, mas tiver opiniões pró-americanas, significará outra coisa. Se não for americano, mas tiver opiniões antiamericanas, significará ainda outra coisa. Cada tipo de pessoa associará algo diferente às estrelas e listras. Talvez não seja fácil, nem mesmo possível, dizer exatamente o que ela significa para quem quer que seja. Patriotismo? Aspiração? Agressão? Contudo, pode-se presumir sem perigo de errar que a bandeira significa algo diferente para alguém que a saúda do que para alguém que a queima. Todavia, para alguém que jamais ouviu falar dos Estados Unidos, ela continua sendo apenas um padrão de formas e cores.

As bandeiras nacionais são criadas para significar algo porque devem representar suas respectivas nações. Ao ver uma bandeira nacional, você sabe que ela quer dizer algo. Porém, o significado nem sempre funciona de maneira tão evidente assim.

A publicidade é um excelente exemplo disso. Se uma propaganda disser que se você fumar tal cigarro será muito descolado, ou se consumir garrafas de tal bebida terá uma vida social incrível, ou se usar tal desodorante outras pessoas se jogarão a seus pés, você não acreditará, porque é óbvio que não será verdadeira. No entanto, se vir um cartaz ou anúncio de televisão que sugira essas coisas agrupando duas imagens (produto e promessa) e deixando que você faça a conexão entre elas, você pode até *sentir* que o que está sendo sugerido é verdadeiro. Se algo "fala" indiretamente com você, pode às vezes contornar barreiras conscientes que são erguidas contra uma abordagem mais direta. Ninguém jamais acusou a indústria da propaganda de ser honesta! Não admira que o livro clássico de Vance Packard sobre a indústria da propaganda seja intitulado *The Hidden Persuaders* [Os persuasores ocultos, em tradução livre, inédito no Brasil].

Outra maneira de dizer que algo tem significado é dizer que representa algo; esse é um tipo de signo. O estudo geral dos signos é conhecido como "semiologia". Semiologia não é metade de uma "-ologia": "semi" vem de uma palavra grega, *semeion*, que significa "um signo", e não do latim *semi* para "meio". Todos os tipos de coisas, inclusive as palavras, podem representar algo, e algumas das primeiras obras de semiologia eram realizadas na área da linguística. Embora alguns filósofos tenham se interessado por ela, seguidores mais entusiasmados são encontrados em outros lugares. Uma figura central na disseminação da semiologia para um público mais amplo foi Roland Barthes.

FIGURA CHAVE

Roland Barthes (1915-1980)
Obras mais importantes: *Elementos de semiologia, Mitologias*.

Barthes tinha uma ampla variedade de interesses e escreveu diversos livros sobre literatura. Ele tinha um interesse especial pela relação entre o leitor e o texto. Após lecionar na Romênia e no Egito, ministrou cursos de semiologia em Paris por vários anos.

Em sua obra *Mitologias*, Barthes oferece uma análise de diversos elementos do cotidiano (francês) encontrados de uma forma ou de outra. Entre elas estão um striptease, um novo Citroën, plástico, filés e batatas fritas! O argumento que ele repete várias e várias vezes é que não são apenas "coisas" de um tipo ou de outro. São coisas que apresentam *significados* complexos de um tipo ou de outro. O povo (francês) que interage com elas entende esses significados porque são os produtos da mesma cultura. No entanto, Barthes não apenas diz às pessoas o óbvio. Ele também explica o que elas entendem, mas que não sabem que entendem. Ele diz às pessoas o que aprenderam, mas que esqueceram tê-lo aprendido um dia.

Você não só recebe significados (de maneira consciente ou inconsciente), como também os transmite (conscientemente ou não). Uma área específica do dia a dia em que você envia e recebe mensagens está no que veste. Na China de Mao Tse-Tung, uma das questões que mais surpreendia os visitantes era o fato de que quase todos usavam o mesmo estilo de vestimenta, sendo que a maioria era verde e parte era azul. Essa era uma política governamental consciente, criada para projetar uma imagem de igualdade (assim como os uniformes escolares). Ao que tudo indica, os que se aproximavam fisicamente da elite podiam ver que a qualidade de sua alfaiataria era bem superior, o que em si enviava uma mensagem sobre como viam a própria posição na sociedade. Haja vista que todos usamos roupas e que, assim que atingimos uma certa idade, escolhemos as próprias roupas, nossos roupeiros são um repositório interessante de significado.

PENSE NISSO

Abra seu guarda-roupas e veja o que está lá dentro. Se você visse outra pessoa usando as mesmas roupas, o que pensaria que estavam tentando dizer? Essa é a mensagem que você está tentando enviar para as outras pessoas? Todas as suas roupas dizem a mesma coisa? Ou você tem estilos diferentes de roupas para transmitir diferentes significados em diferentes ocasiões?

Só porque algumas pessoas gastam muito mais dinheiro em roupas do que outras não significa que estão enviando mensagens em maior número ou mais fortes. Roupas caras enviam a mensagem "eu tenho condições de comprá-las", mas roupas baratas podem enviar a mensagem "não vale a pena gastar dinheiro com roupas". E você pode tentar enfear-se ou embelezar-se de propósito. Por tradição, a vestimenta era muitas vezes usada para projetar uma identidade profissional (e é por isso que ainda se fala em batas de pescador e avental de açougueiro) ou um determinado status social (ainda se usam os termos "colarinho azul" e "colarinho branco" para fazer uma distinção social). A menos que você tenha recebido uma doação de roupas aleatórias, seu vestuário diz, e destina-se a dizer, algo sobre você.

O significado da indumentária não é uma questão trivial. Por exemplo, nos últimos tempos, tem havido um debate acalorado em uma série de países europeus sobre quais itens de vestuário as muçulmanas devem ou não ter permissão para usar.

Não se trata de um debate sobre moda, mas sobre o que significam determinados trajes (em especial um lenço de cabeça e um véu). E, assim como dizem algo, as roupas também podem mentir. (→ 3) Posso vestir uma roupa para fingir que sou um tipo específico de pessoa ou tirá-la para fingir que não sou.

Os signos formam um "código conhecido" que permite e auxilia a comunicação. Se você opta por enviar de propósito um signo de acordo com esse código, então não deveria reclamar se outra pessoa o receber. Por outro lado, se você visitar a Índia e vir uma suástica por lá, não deve entendê-la como um endosso ao nazismo, mas, do contrário, como um símbolo tradicional de boa sorte. Se você não entende o código conhecido *local*, pode enganar-se com boa parte do que vê e, em retorno, ser mal interpretado. Existe uma conexão íntima entre signos e convenções. (→ 12) No final, os signos só têm significado porque as pessoas concordam sobre eles, o que significa que apenas os que aprenderam e conhecem podem usá-los corretamente.

Assim como em diversas outras áreas do dia a dia, o aumento da consciência se traduz em benefícios. Embora não possa controlar os significados que os outros leem no que você diz ou faz, você pode controlar os significados que lê no que os outros dizem ou fazem. Quanto mais ciente estiver de como funciona a propaganda, menor será a probabilidade de ser enganado por ela. Quanto mais ciente estiver de como funcionam os signos, maior será a sua capacidade de comunicar os significados que deseja nos códigos disponíveis.

E AGORA? Na próxima vez em que você vir um anúncio no jornal ou em uma revista, não tenha pressa e o analise com atenção. O que ele está tentando fazer você pensar? Como está tentando fazer isso? Assim que perceber o que ele está tentando fazer, e como, você estará no controle.

Vivemos a experiência, mas perdemos o significado.

T. S. Eliot

15. Quem é você?

Em geral, na natureza humana existe mais tolice do que sabedoria.
Francis Bacon

> **DO QUE SE TRATA?**
>
> As pessoas costumam falar em "natureza humana", mas o que ela é? O que todos têm em comum? O que nos diferencia de outros animais no planeta? O que se pode perdoar por ser apenas "da natureza"?

O problema da natureza humana difere do problema das pessoas. (→ 6) Algumas pessoas podem não ser seres humanos, e alguns seres humanos podem não ser pessoas. Tendo em vista que você mesmo é um ser humano, está na posição de poder considerar a natureza humana a partir de duas perspectivas distintas. Pode analisar a si mesmo ou aos outros. Pode-se imaginar que os resultados seriam os mesmos de qualquer forma, mas esse não é necessariamente o caso.

As palavras "conhece-te a ti mesmo!" foram inscritas na parede do famoso templo de Apolo em Delfos e quase se tornaram o lema dos filósofos antigos. A vida sem ser examinada que Sócrates dizia não valer a pena viver era a vida sem autoconhecimento. Muitas das tradições espirituais do mundo também incorporam uma chamada ao autoconhecimento.

PENSE NISSO

O seguinte exercício é baseado nos ensinamentos de Ramana Maharshi, um famoso guru e professor que viveu no Sul da Índia. Pergunte a si mesmo: "Quem sou eu?". Você é o seu corpo ou tem um corpo? Você é os seus sentidos ou tem sentidos? Você é os seus sentimentos ou tem sentimentos? Você é os seus pensamentos ou tem pensamentos? O que você poderia perder e ainda ser você? Você pode colocar quantos itens quiser na lista. Rejeite qualquer item com o qual você não se identifique. O que sobrou? O objetivo do exercício é perceber o que você não é. O que sobrou (se é que sobrou algo!) é o que você é.

O que se encontra na busca de autoconhecimento depende muito de onde e de como se procura. Quando decretou que Sócrates era o homem vivo mais sábio, o oráculo de Delfos achou que deveria ser porque, diferentemente de outras pessoas que encontrava, ele tinha consciência de que sabia de fato muito pouco. O tipo de autoanálise que Sócrates realizava estava acima de todos os que se concentravam no conhecimento. De acordo com essa abordagem, o que é preciso é um teste das crenças, ideias, suposições e teorias de uma pessoa.

Nem todos os filósofos escolheram o mesmo caminho. Uma abordagem radicalmente diferente foi adotada por David Hume. Em seu *Tratado da natureza humana*, ele interpretou o autoconhecimento como o conhecimento do eu. O problema era que ele não conseguia encontrar nenhum "eu" sobre o qual ter conhecimento. Tudo o que logrou encontrar foi "um feixe ou coleção de diferentes percepções que se sucedem com rapidez inconcebível e estão em perpétuo fluxo ou movimento".

Na observação de Hume há uma semelhança notável com uma doutrina central do budismo. Se não existe algo como um "eu" permanente, então autoconhecimento é o conhecimento desse fato. Se isso for verdadeiro, então deve ter um impacto considerável na maneira como se vive no dia a dia. O que acontece com o "autointeresse" se não houver um eu para ter interesse? (→ 20)

FIGURA CHAVE

David Hume (1711-1776)
Obras mais importantes: *Investigação sobre o entendimento humano*, *Investigação sobre os princípios da moral*.

Embora seja hoje considerado um dos maiores filósofos britânicos, em seu tempo Hume era mais conhecido por ser historiador. A Rua St. David, na Cidade Nova de Edimburgo, foi nomeada em sua homenagem, e seu impressionante túmulo fica em Calton Hill, uma colina nas cercanias.

O interesse no autoconhecimento não é prerrogativa exclusiva de filósofos. A busca do conhecimento de si próprio é um exercício que pode seguir muitos caminhos distintos. A necessidade de buscar o autoconhecimento é baseada na suposição de que ainda não sabemos tudo o que há para saber sobre nós mesmos. Essa também é a suposição subjacente a vários tipos diferentes de psicoterapia. O motivo pelo qual pessoas como Sigmund Freud e Carl Jung interessaram-se pelo estudo dos sonhos é que os viam como fonte de autoconhecimento. Nos sonhos, a mente subconsciente pode revelar coisas que a mente consciente nega. O que o trabalho de Freud, Jung e outros indica é que talvez não seja possível atingir o autoconhecimento integral sem auxílio. Pode ser necessária a ajuda de outros para ver o que e quem somos.

Uma abordagem bastante distinta é adotada por filósofos existencialistas como Jean-Paul Sartre, que rejeitam a própria ideia de que existe algo como a "natureza humana". De acordo com Sartre, não é preciso *descobrir* quem somos porque somos quem *escolhemos* ser. Negar esse fato é ocultar-se da própria liberdade. (→ 10) Cada indivíduo cria a própria natureza ao fazer determinadas escolhas, e o que se pode fazer também se pode mudar. Se isso for verdadeiro, também deve ter um impacto considerável na maneira como se vive no dia a dia. É evidente que há alguns aspectos da minha vida que não posso mudar por um mero ato de escolha. Não posso ficar mais alto, mais belo ou jovem só por meio do desejo. Porém, considerando o corpo que tenho, posso escolher o tipo de vida que desejo ter com ele e escolher que tipo de indivíduo desejo para habitá-lo. Quanto do que é você conseguiria mudar se realmente o quisesse?

Até agora, neste capítulo, estive analisando o problema da natureza humana de dentro, mas também se pode explorá-lo de fora. O mundo cotidiano ao seu redor é repleto de outras pessoas com as quais você pode interagir de várias maneiras. Como você interage com os outros depende muito de como pensa que os outros são.

> **PENSE NISSO**
>
> Você acredita que os seres humanos são bons ou maus por natureza ou nenhum dos dois?
>
> É evidente que essa pergunta é bastante ampla, mas vem exercitando a mente humana há muito tempo. Quanto do que somos é natureza e quanto é cultura? E, da parte que é natureza, quanto é bom e quanto é ruim? Teorias da sociedade em geral e a educação em especial sofrem uma forte influência de nossas atitudes em relação a essas questões básicas. As pessoas vivem naturalmente em harmonia ou estão sempre tentando causar mal umas às outras? As crianças são anjinhos que precisam ser libertados ou diabinhos que precisam ser presos? Essas duas abordagens, otimista e pessimista, positiva e negativa, correm como veias pela história do pensamento filosófico.

Em termos de dia a dia, as perspectivas otimista e pessimista da natureza humana sem dúvida levam a direções diferentes. Quanto mais positiva e otimista for a concepção, mais estamos inclinados a ver os outros como potenciais aliados que devem ser mantidos por perto e em quem podemos ter confiança. Quanto mais negativa e pessimista for a concepção, mais estaremos inclinados a ver os outros como potenciais inimigos que devem ser mantidos longe e tratados com cuidado. Então, como decidir qual concepção será adotada? Como examiná-las?

Um problema essencial na análise de uma visão básica do mundo é que a própria visão deturpa o modo como se vê o mundo. (→ 24) Tanto os otimistas quanto os pessimistas tenderão a ver evidências que sustentam sua opinião e a não ver, ou encontrar uma desculpa para as evidências que parecem solapá-la. Uma pessoa feliz tende a viver em um mundo feliz, enquanto uma pessoa infeliz tende a viver em um mundo infeliz. A pessoa feliz tem razão em acreditar que o mundo é basicamente um lugar feliz, assim como a pessoa infeliz tem razão em acreditar que o mundo é basicamente infeliz. O copo de fato está meio cheio e também meio vazio; na verdade, está as duas coisas ao mesmo tempo.

Acreditar que as pessoas são boas ou más por natureza não equivale a acreditar que Glasgow fica ao norte de Londres ou que a luz se desloca a 299 mil quilômetros por segundo. Embora talvez não sejamos capazes de testar cada crença, podemos imaginar como isso seria feito. No que tange à natureza humana ser boa (ou má) por essência, é difícil ver como isso poderia ser feito. O que contaria como sucesso em um teste desses? O que contaria como fracasso? Quem sabe a bondade ou maldade básica da natureza humana não esteja na natureza humana em si, mas nos olhos de quem vê? (→ 12) Nesse caso, o que nos impede de ver o mundo de um jeito diferente? Como o seu dia a dia mudaria se você adotasse uma posição mais positiva ou negativa sobre a natureza humana?

Sendo um ser humano, a natureza humana deve ser um tema que não só está próximo do coração, mas também para o qual você está muito bem equipado para estudar. Sem dúvida, não é um assunto evitado pelos filósofos, mas certamente também não falam em uníssono sobre ele. Assim como ocorre com uma série de áreas do dia a dia, a filosofia talvez seja melhor em revelar os problemas relacionados à natureza humana do que em solucioná-los.

Todavia, não se pode nem mesmo começar a enfrentar problemas se não se está ciente deles.

E AGORA? Na próxima vez em que você pensar ou ouvir alguém dizer "Bom, é só a natureza humana", pergunte a si próprio: "Será mesmo?".

Se os homens fossem anjos, não se tornaria necessário governo algum. Se os anjos governassem os homens, nenhum controle sobre o governo, externo ou interno, seria necessário.

James Madison

16. E daí?

Qualquer experiência é experiência em um contexto.

Alfred Schutz

DO QUE SE TRATA? Parece óbvio que algumas coisas estão ou não conectadas entre si. Elas são assim mesmo ou você é que aprendeu a vê-las dessa forma? O modo como você avalia as situações muitas vezes depende do que considera ser relevante ou não. Mas como saber o que é relevante?

O dia a dia despeja vários problemas diferentes sobre você, mas o que você jamais encontra é um problema isolado. Não é que os problemas cacem em bando; porém, quando você encontra um, ele sempre está em determinado contexto. A maneira de enfrentar um problema depende, em grande medida, do contexto no qual você o localiza.

Veja a seguir um exercício simples para começar.

PENSE NISSO Você geralmente leva seu filho de carro para a escola, mas ele pergunta se amanhã pode ir a pé com um amigo. Quais das seguintes considerações você acredita serem relevantes para tomar uma decisão? Por quê?

a) A idade do seu filho.
b) A idade do amigo do seu filho.
c) A velocidade da luz.
d) A distância entre a escola e sua casa.
e) O nome do presidente dos Estados Unidos.
f) A força da gravidade.

À primeira vista, o exercício parece simples. Parece evidente que *a*, *b* e *d* sejam relevantes e que as outras não. Por quê? A resposta simples é que se *a*, *b* e/ou *d* mudarem, sua decisão mudará. Você pode considerar apropriado para uma criança de oito anos ir a pé para a escola que fica a oitocentos metros com um amigo que tenha dez e inapropriado para uma criança de cinco ir a pé para a escola que fica a quinze quilômetros com um amigo que tenha seis. Certas diferenças têm uma influência distinta das outras. No entanto, a velocidade da luz é um dos elementos fundamentais de todo o universo físico. Se ela fosse diferente, tudo poderia ser diferente. A força da gravidade é o que torna o ato de caminhar possível. E, se o nome do presidente dos Estados Unidos fosse Thomas Jefferson, estaríamos vivendo no início do século XIX, e não no do XXI!

O que está evidente é que, para fins práticos, você presume que algumas coisas permanecerão inalteradas. (→ 8, 24) Como resultado, você direciona a atenção para os aspectos das situações em que se encontra com maior probabilidade de mudar; aqueles que são relativamente instáveis. Como você não precisa (e nem poderia) dedicar a mesma atenção a absolutamente tudo, o que faz é isolar blocos inteiros de realidade para que possa se concentrar naqueles mais propensos a exigir a sua atenção ou a se beneficiar dela. Parece restar pouca dúvida de que, para fins práticos, a maioria das pessoas concordaria que, dada a improbabilidade de mudança, a velocidade da luz não precisa ser considerada sempre que há um problema para ser resolvido. No que se refere ao dia a dia, isso é bastante razoável.

Em um dos poucos livros escritos sobre o problema da relevância, Alfred Schutz destaca que, ao encontrar um problema, *você* é parte do contexto. Cada um de nós carrega uma história de vida diferente para os eventos, com base em nossas experiências anteriores. Se eu já fui quase atropelado por um carro uma vez ao ir a pé para a escola quando era criança, é quase certo que isso afetará o meu julgamento em relação a permitir que meu filho vá a pé para a escola. Outros, que tenham tido histórias de vida diferentes, podem ver as coisas de outra maneira. (→ 12)

> **PENSE NISSO**
> Você consegue pensar em alguma experiência que teve e que mudou de modo considerável a forma como pensa sobre as coisas? Algum evento específico de sua vida teve um impacto profundo sobre a forma como você vê as coisas?

É totalmente válido aprender lições com as experiências de vida. Porém, é preciso atentar para o fato de que outras pessoas com histórias de vida diferentes podem ter aprendido lições diferentes. Não há uma história de vida padrão que todos compartilhem; não há um conjunto único de lições que todos tenham aprendido.

> **FIGURA CHAVE**
> Alfred Schutz (1899-1959)
> Obras mais importantes: *The Phenomenology of the Social World*, *Reflections on the Problem of Relevance*.

Durante boa parte de sua vida de trabalho, Schutz seguiu uma carreira bancária, dedicando-se a interesses filosóficos apenas no tempo livre. Os seus primeiros anos de vida foram passados em Viena, antes de se mudar para Nova York, em 1939.

Um dos contos mais célebres do século XX começa assim: "Certa manhã, ao despertar de sonhos intranquilos, Gregor Samsa encontrou-se em sua cama metamorfoseado num inseto monstruoso". *Metamorfose*, de Franz Kafka, pode ser lido de várias maneiras. A questão a ser observada aqui é que, *quando você muda, seu relacionamento com o mundo também muda*. A primeira coisa que Gregor Samsa descobre é que, se você é um inseto deitado de costas, sair da cama não é, absolutamente, uma questão fácil. Visto que Gregor Samsa muda de repente, o mundo em que ele vive subitamente se torna estranho para ele. Houve uma mudança nas coisas que podem ou não ser presumidas. O que funcionava não funciona mais, e os problemas que não existiam antes existem agora.

De certa forma, Gregor Samsa sofreu uma libertação. Ele foi "forçado a ser livre" porque os padrões de pensamento confortáveis que ele habitara já não são mais apropriados à sua existência vivida. Contudo, essa libertação também é assustadora, simplesmente porque os padrões de pensamento que ele já habitou *eram* confortáveis. De repente, *tudo* precisa ser considerado. Os filtros antigos não são mais apropriados. As antigas suposições sobre o que é ou não relevante não se aplicam mais.

Essa mudança de perspectiva, sobretudo quando utilizada em um contexto terapêutico, é por vezes chamada de "reenquadramento". Quando se abordam situações de determinada forma, algumas coisas parecem relevantes e outras não. O reenquadramento envolve a abordagem das mesmas coisas de um jeito diferente. O efeito pode ser o de transformar uma situação aparentemente impossível em outra na qual se tem opções ou de trazer à tona o que estava invisível. Algo como o reenquadramento também está por trás de muitas descobertas, nas quais o que já foi visto como problema agora é visto como oportunidade, ou o que já foi visto como desperdício agora é visto como algo com potencial. O reenquadramento muda os padrões de relevância. Para dar um exemplo ilustrativo, os astronautas da Apollo que pousaram na lua encontravam-se em um contexto bastante diferente, onde pressuposições terrestres sobre a força da gravidade não se aplicavam mais. A viagem à lua foi um exercício de reenquadramento que funcionou pela transferência de indivíduos de um ambiente físico para outro. No dia a dia, a transferência tende a ocorrer mentalmente, com a tentativa de *ver* as coisas de um modo diferente.

Boa parte da mesma ideia subjaz ao que é chamado de "pensamento lateral". Edward de Bono, que escreveu vários livros a respeito, considera-o uma espécie de criatividade. O pensamento lateral pode ser visto como um método (ou conjunto de métodos) para ser criativo.

PENSE NISSO

Um dos métodos propostos por De Bono envolve o uso de palavras aleatórias. Se você travou com um problema, pegue um dicionário e escolha uma palavra ao acaso. A introdução desse novo elemento na equação move seu pensamento sobre o problema em novas direções. Podem surgir novas conexões que não teriam ocorrido a você antes. A palavra aleatória em si não oferece uma solução para o problema, mas sim o ponto de partida para uma nova abordagem. Faça uma tentativa! Pense em um problema. E, se não tiver um dicionário à mão, sua palavra aleatória é "hipopótamo"!

Não há nada errado em ter algumas maneiras habituais de se pensar ou fazer as coisas. Elas podem nos ajudar a atravessar boa parte do dia. Se eu faço café do mesmo jeito todos os dias, não há problema nisso.

Contudo, se esse jeito de preparar o café tornar-se um hábito a ponto de eu não estar mais ciente do que estou fazendo, então talvez o hábito esteja preparando o café, e não eu. Ou, se eu me tornar tão associado ao hábito que não mais consiga imaginar outra maneira de preparar o café, então o hábito está atrapalhando a minha percepção das outras maneiras. Quando o modo de pensar sobre as coisas deixa de ser uma ajuda e começa a ser um obstáculo, é hora de começar a fazer algo a respeito. Antes de abandonar um hábito, é preciso estar ciente de tê-lo. Ao exigir reflexão, ao exigir o exame da qualidade do próprio pensamento, a filosofia ajuda a atingir essa consciência e a melhorar a qualidade do pensamento sobre o dia a dia. Se pensar sobre um problema não leva a lugar algum, pode ser que o pensamento seja o problema.

E AGORA? Na próxima vez em que você pensar ou ouvir alguém dizer "Isso é irrelevante", pergunte a si mesmo: "Será mesmo? Por quê?".

Chico: O que tem tromba, pesa uma tonelada e vive num circo?
Advogado: Isso é irrelevante.
Chico: Isso mesmo, é um elefante.

Os Irmãos Marx, "Diabo a quatro"

17. Não é justo!

Cada qual com sua capacidade, cada qual com suas necessidades!

Karl Marx

DO QUE SE TRATA? Para poucas pessoas o mundo é um lugar justo para se viver. Ladrões muitas vezes prosperam, e os bons com frequência morrem jovens. Ainda assim, poucas pessoas propõem-se abertamente a ser injustas em suas interações com os outros. Existe uma noção básica, sentida de modo mais aguçado pelas crianças, de que a vida deve ser justa e de que se deve ao menos tentar ser justo. Mas será que sabemos ao certo o que significa ser justo?

A filosofia dá muita ênfase à necessidade de consistência. (→ 7) Onde não existe padrão nem consistência, obtém-se aleatoriedade, e acredito que Sócrates certamente teria argumentado que a vida aleatória não merece ser vivida. (→ 1) Porém, existe uma diferença entre consistência e inflexibilidade. Quando acusado de ser inconsistente, Mahatma Gandhi respondeu: "Meu objetivo não é ser consistente com minhas declarações prévias sobre determinado assunto, mas ser consistente com a verdade conforme ela possa se apresentar a mim em determinado momento". Não aplaudiríamos juízes pela consistência em sempre dar a mesma sentença sem considerar a gravidade do crime. E, sem dúvida, não os aplaudiríamos pela consistência em sempre condenar a todos sem considerar a força das evidências. No dia a dia, devem-se aplicar princípios, e isso significa fazer julgamentos sobre quando é apropriado aplicá-los e como. No dia a dia, a exigência de ser consistente muitas vezes equivale à necessidade de ser justo.

Tratar as pessoas de modo justo é diferente de tratá-las da mesma forma. O problema da justiça tem uma íntima relação com o problema da relevância. (→ 16) Cada situação que se encontra na vida é única. Jamais se encontra exatamente a mesma situação, exatamente no mesmo lugar, exatamente no mesmo momento. *Sempre* há diferenças. No entanto, nem toda diferença tem a mesma importância.

> **PENSE NISSO**
>
> *Você tem um filho. Quando ele faz cinco anos, você dá a ele uma mesada semanal de cinco libras. Dez anos mais tarde, você tem uma filha. Quando ela completa cinco anos, você dá a ela uma mesada semanal de cinco libras. Você ainda dará uma mesada semanal de cinco libras para seu filho? Você está sendo justo com eles?*

Há duas diferenças evidentes a serem consideradas. Existe a diferença entre ser filho e ser filha, assim como existe a diferença de idade de dez anos. Que diferença isso faz? Às vezes, ser filha em vez de ser filho faz uma diferença óbvia; em outras, não. Geralmente, há uma forte influência cultural sobre como se percebe a diferença entre ser filho e ser filha. Se tomarmos o lema de Marx, "cada qual com sua capacidade, cada qual com suas necessidades", como guia, podemos perguntar se as necessidades de um filho e as necessidades de uma filha convertem-se em motivo para níveis diferentes de mesada. E as necessidades de uma criança de cinco anos e de um adolescente de quinze anos convertem-se em motivo para níveis diferentes de mesada? É provável que os dez anos também tenham causado uma diferença no valor das cinco libras. Dar a alguém cinco libras em 2000 não é a mesma coisa que dar a alguém cinco libras em 2010. Só porque ainda é cinco libras não significa que valha o mesmo. A filha de cinco anos que recebe cinco libras em 2010 está ganhando consideravelmente menos do que o filho de cinco anos que recebia cinco libras em 2000. Quanto maior a taxa de inflação durante esses dez anos, mais injusto será o negócio.

As crianças tendem a criar uma alta sensibilidade a atos reais ou imaginários de injustiça, mas tendem a confundir quando são tratadas com diferença ou com injustiça. Às vezes, as duas são a mesma coisa; em outras, não. Os adultos também podem sofrer a mesma confusão. O que é divertimento para uma criança pode ser punição para outra. Questões de justiça não se restringem ao contexto doméstico. Quando brotam no domínio público, costumam aparecer sob o pretexto de justiça. A ideia de que justiça é justeza foi essencial à obra de John Rawls.

FIGURA CHAVE

John Rawls (1921-2002)
Obras mais importantes: *Uma teoria da justiça, O liberalismo político*.

A educação universitária de Rawls foi interrompida pela Segunda Guerra Mundial, em que ele serviu ativamente no Pacífico Sul. É amplamente considerado um dos filósofos políticos mais importantes do século XX.

Para chegar a uma noção clara de como seria a sociedade justa, Rawls concebeu um experimento mental. Aqui está ele para você tentar refletir.

PENSE NISSO
Imagine que um grupo de pessoas está reunindo-se para traçar os princípios básicos de uma sociedade da qual todos serão membros. No entanto, nada sabem a respeito das posições que cada indivíduo ocupará nessa sociedade. Que princípios básicos elas deverão propor?

Um recurso característico do experimento mental é que ninguém sabe qual função terá na sociedade que está planejando.

Por esse motivo, ninguém sabe quais princípios serão um benefício ou uma desvantagem específica para si mesmo. Potencialmente, qualquer um dos planejadores poderia ocupar a pior posição da nova sociedade. Sob tais circunstâncias, a alegação é de que ninguém estaria propenso a concordar com um conjunto de princípios que permitiria que os mais pobres em uma sociedade morressem de fome se eles próprios pudessem estar nessa posição. Ninguém estaria propenso a concordar com um conjunto de princípios que permitiria que os níveis mais baixos de uma sociedade fossem maltratados se pudessem eles próprios ocupar esses níveis. Isso significa que as pessoas estariam propensas a concordar com um conjunto de princípios que garantisse certos direitos básicos (→ 18) e um padrão de vida mínimo para todos.

É desnecessário dizer que nem todos concordam com as conclusões obtidas por Rawls! Porém, embora a forma como ele construiu o experimento mental seja original, suas conclusões podem ser vistas como uma variação da regra de ouro. (→ 7) Se, para mim, a vida no degrau mais baixo da sociedade é intolerável, então também não devo esperar que mais alguém a tolere. Se, para mim, é inaceitável ser maltratado, não posso apoiar princípios que permitam que as outras pessoas sejam maltratadas. Seguida em uma direção, essa linha de pensamento leva ao ideal de uma sociedade em que todos são iguais.

No dia a dia, a justiça e o sistema jurídico são muitas vezes associados entre si, embora tal associação seja com frequência bastante imperfeita. Um tema de debates acalorados, que aparece na mídia com regularidade, é a determinação de sentenças jurídicas. Se alguém é acusado de um crime, qual seria a sentença *justa* e *imparcial*? Na ópera cômica *O Mikado*, de Gilbert e Sullivan, o próprio Mikado tem um "objeto todo sublime", que é "permitir que a punição se ajuste ao crime". Com esse fim, ele planeja punições engenhosas sob medida para determinados crimes. O crime de ser enfadonho é punido por ter de "ouvir sermões / De místicos alemães / Que pregam das dez às quatro"! Sistemas judiciais menos criativos tendem a se limitar, na maioria dos casos, a prisão ou a multas. Mas quanto tempo de encarceramento é apropriado ou qual o valor para a multa? Não é de surpreender que as vítimas de crimes tendam a considerar as punições lenientes demais, enquanto aqueles na outra extremidade das mesmas punições geralmente as considerem demasiado duras.

> **PENSE NISSO**
> *Imagine que você é juiz e que as únicas duas sentenças disponíveis são aprisionamento ou multa. Qual sentença você daria para (a) assassinato, (b) arrombamento e (c) estacionamento ilegal? Depois de decidir qual sentença, considere quais fatores fariam você dar um período de encarceramento mais longo ou mais curto ou uma multa maior ou menor.*

Não há uma resposta correta. O objetivo do exercício é fazer você se conscientizar do próprio pensamento sobre esse assunto. Quando uma multa é apropriada e quando não o é? Desconfio que a maioria das pessoas escolheria a prisão em vez de uma multa para assassinato e uma multa em vez de prisão para estacionamento ilegal, mas por quê? E o que agrava ou atenua um crime? O total de danos causados? Até que ponto ele é premeditado? O número de vezes que já foi cometido? Dizia-se de uma magistrada que ela impunha multas mais altas para quem estacionava ilegalmente em determinada parte da cidade, e isso era porque ela morava lá! Ter um motivo e ter um *bom* motivo não são a mesma coisa!

De uma forma ou de outra, considerações sobre justiça e justeza costumam fazer parte do dia a dia. Pode-se encontrá-las em casa, no trabalho ou na mídia. Porém, embora você tenha uma noção geral do que acredita ser justo ou injusto, até de fato colocar essa noção à prova talvez não esteja ciente do porquê acreditar que algo é ou não justo. Considerando que poucas pessoas provavelmente diriam que *querem* ser injustas ou desleais, essa é uma área do pensamento que está madura para análise.

E AGORA? Na próxima vez em que alguém disser "Isso não é justo!", pergunte a si mesmo se essa pessoa está certa. Se está, o que seria justo?

Não faças aos outros o que queres que te façam.
Os gostos deles podem ser diferentes dos teus.

George Bernard Shaw

18. Tenho meus direitos!

Consideramos estas verdades como evidentes por si mesmas, que todos os homens foram criados iguais, foram dotados pelo Criador de certos direitos inalienáveis, que entre estes estão a vida, a liberdade e a busca da felicidade.
Declaração de independência dos Estados Unidos

DO QUE SE TRATA? É difícil evitar debates sobre direitos porque eles parecem brotar em todo lugar. Mas o que é um direito? O que significa ter um direito? E como saber se temos ou não direito?

Os direitos com frequência se apresentam em debates diários sobre uma série de temas. Para muitas pessoas (talvez para a maioria), parece evidente que nós os temos, e as únicas perguntas sérias são quantos temos, o que são e o que alguém fará a respeito deles. Essa é, sem dúvida, uma área do dia a dia em que a filosofia pode ajudar a melhorar o nosso pensamento! Pode ser um verdadeiro choque perceber que os direitos, tal como os conhecemos, são uma noção relativamente recente. Todas as ideias têm uma história, porém algumas têm histórias mais longas do que outras.

PENSE NISSO Veja a seguir um exercício simples para começar. Que direitos você acha que tem? Escreva-os.

Nada nunca é tão simples assim em filosofia! Os direitos existem de muitas formas distintas. Costuma-se distingui-los entre três tipos básicos. Em primeiro lugar, há os direitos *legais*, que são aqueles garantidos por lei. Em segundo lugar, há os direitos *morais*, que são aqueles que acreditamos que devemos ter. Em terceiro lugar, há os direitos *humanos* ou *naturais*, que julgamos ter só porque somos seres humanos. (→ 6, 15) É possível que um direito pertença a uma ou mais categorias. Veja em sua lista quais direitos encaixam-se em quais categorias.

Quaisquer que sejam os direitos que você tenha por lei cabe à lei decidir, e pessoas que vivem sob sistemas jurídicos distintos terão direitos legais diferentes. Da mesma maneira, pessoas com diferentes moralidades podem ter uma compreensão distinta do que é ou não direito moral. A declaração de independência dos Estados Unidos deixa claro que não está lidando com direitos legais ou morais, e sim com direitos humanos ou naturais. Em termos filosóficos, estes são os mais interessantes, talvez porque os filósofos tenham desempenhado um papel bastante considerável na sua invenção. Um dos mais importantes contribuintes para esse processo de invenção foi Thomas Hobbes. No entanto, nem todos ficaram impressionados com a ideia. Jeremy Bentham denunciou, de modo memorável, a ideia de direitos naturais como "bobagem sobre pernas de pau"!

FIGURA CHAVE
Jeremy Bentham (1748-1832)
Obra mais importante: *Uma introdução aos princípios da moral e da legislação*

Bentham foi um reformador social ativo em muitas áreas diferentes e um dos primeiros defensores do bem-estar dos animais. Pediu para ser dissecado após sua morte e para que seu esqueleto fosse mantido no University College de Londres. Ele ainda está lá.

A questão importante sobre os direitos naturais é que, quaisquer que sejam e por mais que possam existir, se eles existem, então pertencem ao indivíduo. Se eu tenho dez direitos naturais e vou da Inglaterra para a França, levo esses dez direitos naturais comigo. Pensar em termos de direitos significa que estamos, antes de mais nada, pensando sobre indivíduos. Muitas vezes, é mais fácil ver o que algo é se for contrastado com outra coisa. Para se ter uma noção melhor do que são os direitos e do que significa falar em termos de direitos, pode-se comparar a declaração de independência dos Estados Unidos com os Dez Mandamentos. E, para simplificar, minha ênfase estará em apenas um direito: o direito à vida. Este pode ser considerado o direito natural primário: se você não está vivo, os outros direitos pouco importam.

FIGURA CHAVE **Thomas Hobbes (1588-1679)**
Obra mais importante: *Leviatã*.

Dizem que Hobbes nasceu prematuro quando sua mãe ficou sabendo que a armada espanhola estava a caminho! Ele passou boa parte da vida de trabalho a serviço dos duques de Devonshire. Viveu na França por dez anos quando o clima político da Inglaterra ficou quente demais. Durante boa parte de sua estadia lá, lecionou matemática para o futuro Carlos II.

O direito à vida tem um paralelo claro no mandamento "Não matarás!". Ambos estão preocupados com a preservação da vida humana, mas abordam o problema de extremidades opostas. O direito à vida está vinculado à potencial vítima, enquanto a instrução para não matar é dirigida ao potencial assassino. Se todos obedecerem ao comando, ninguém será morto. Contudo, só porque todos têm o direito à vida não significa que ninguém será morto. Ter um direito é muito adequado, mas o que isso realmente significa? Que diferença isso realmente faz?

Hobbes via essa questão com bastante clareza e percebeu que um direito era praticamente inútil se não houvesse um mecanismo para protegê-lo ou fiscalizá-lo. Simplificando de modo considerável o argumento muito mais sofisticado que ele propôs, para que os direitos naturais individuais representem algo, é preciso haver algum maquinário para apoiá-los. Em benefício da simplicidade, esse maquinário pode ser chamado de "Estado". Somente quando os direitos naturais também se tornam direitos legais é que adquirem algum valor prático. Essa conclusão pode parecer surpreendente. O Estado e o indivíduo costumam ser vistos em uma posição de contraste ou de oposição entre si. De fato, geralmente reivindicam-se direitos *contra* o Estado. A declaração moderna mais abalizada sobre direitos humanos, a Declaração Universal dos Direitos Humanos, adotada pelas Nações Unidas em 1948, inclui de forma explícita direitos que *somente* podem ser reivindicados contra um Estado, como o direito a um julgamento justo e o direito a uma nacionalidade. Todavia, não se pode reivindicar direitos contra um Estado se não houver algo como um Estado.

PENSE NISSO

Considere os seguintes artigos da Declaração Universal dos Direitos Humanos:

Artigo 5:
Ninguém será submetido a tortura, nem a tratamento ou castigo cruel, desumano ou degradante.

Artigo 12:
Ninguém será sujeito a interferências na sua vida privada, na sua família, no seu lar ou na sua correspondência, nem a ataques à sua honra e reputação.

Artigo 23:
Toda pessoa tem direito ao trabalho, à livre escolha de emprego, a condições justas e favoráveis de trabalho e à proteção contra o desemprego.

Artigo 26:
Toda pessoa tem direito à instrução.

Quantos desses você considera "universais" na prática? Se não o forem, por que não?

A resposta óbvia e provavelmente correta é que, nos lugares em que esses direitos não existem na prática, é porque o Estado, por qualquer motivo, não os implantou e/ou fez cumprir. Em termos práticos, o argumento proposto por Hobbes merece louvor.

Um dos artigos menos conhecidos, ou citados com menos frequência, da Declaração Universal dos Direitos Humanos (Artigo 29) afirma que "Toda pessoa tem deveres para com a comunidade, em que o livre e pleno desenvolvimento de sua personalidade é possível". Essa é a única parte em toda a declaração em que ocorre a ideia de dever. No entanto, um direito sem algum tipo de dever vinculado a ele nada mais é do que uma promessa vazia. Essa é, em parte, a ideia que Hobbes estava defendendo (mais uma vez), mas ela vai além disso.

Se eu tenho direito à vida, uma possível interpretação é que os outros têm o dever de não me matar. Assim, poderíamos dizer que "Não matarás!" é a "outra metade" do direito à vida. E, se perguntarmos "*Quem* tem o dever de não me matar?", então a resposta é curta e grossa: "todos". Até aí, tudo bem. Porém, o direito à vida é igual ao direito de não ser morto? O direito à vida significa que eu também tenho direito à assistência médica gratuita e ilimitada, por exemplo? Se eu tenho, e perguntarmos "*Quem* tem o dever de me oferecer assistência médica gratuita e ilimitada?", então a resposta para *essa* pergunta está longe de ser curta e grossa. "Ninguém em especial!" é a resposta óbvia (e obviamente insatisfatória) na qual pensamos.

O motivo pelo qual ela é insatisfatória fica evidente se você pensar no direito como um tipo de reivindicação. Se eu tenho direito a algo, posso reivindicá-lo. Se o direito à vida significa direito de não ser morto, então posso requerer meu direito sobre todo mundo. Se o direito à vida me dá o direito à assistência médica gratuita e ilimitada, onde posso fazer minha reivindicação? Quem tem o dever que corresponde ao meu direito? Se for constatado que ninguém tem esse dever, então minha reivindicação não tem valor.

Não há mal algum em falar sobre direitos, contanto que você saiba do que está falando. Todavia, conforme muito bem demonstrou Sócrates, a verdade é que as pessoas nem sempre sabem do que estão falando. (→ 1) Parte da vida examinada envolve dar-se ao trabalho de refletir sobre as palavras utilizadas e o que elas significam. Quando alguém disser a você que tem direito a algo, seria uma boa ideia seguir o caminho de Sócrates e perguntar o que querem dizer com isso!

E AGORA? Na próxima vez em que alguém (inclusive você) reivindicar direito a algo, pare e pense. Qual é o tipo do direito? Ele realmente existe?

Na Inglaterra, mesmo os mais pobres acreditam que tenham direitos; isso é bem diferente do que satisfaz os pobres em outras terras.

G. W. F. Hegel

19. Vale tudo?

Eu discordo do que você diz, mas defenderei até a morte o seu direito de dizê-lo.
Voltaire (atribuído)

> **DO QUE SE TRATA?**
>
> Se vale tudo, tudo é permitido. Mesmo os mais tolerantes hesitariam em dizer que absolutamente tudo é permitido. Quanto tempo duraria uma sociedade que permitisse o assassinato? Porém, se vamos estabelecer limites entre o que é ou não permitido, onde esses limites devem ser traçados e por quê?

Toda pessoa e toda sociedade são ao mesmo tempo tolerantes e intolerantes. Todos toleram algumas coisas e não toleram outras. Sociedades democráticas liberais modernas e seus membros costumam persuadir-se de que são mais tolerantes do que os outros. Quando surgem casos de teste como *Os versos satânicos*, de Salman Rushdie, é fácil perceber que os defensores da liberdade de expressão são muito mais tolerantes do que aqueles que defendem que o autor deve ser morto. Essa sensação pode muito bem estar certa, mas sentir que está certo e estar certo não são a mesma coisa. É por isso que a filosofia sempre insiste na necessidade de se refletir criticamente sobre as coisas.

A frase de efeito atribuída a Voltaire no início deste capítulo resume o espírito da tolerância. Você não precisa tolerar coisas que aprova; o teste ocorre quando é confrontado com coisas que *não* aprova. A forma como Voltaire o expressa cria uma ligação íntima entre a noção de tolerância e a da liberdade de expressão, (→ 18) mas você também pode ser obrigado a tolerar coisas que as pessoas fazem ou em que acreditam. Na época de Voltaire, "tolerância" normalmente tinha o significado específico de tolerância religiosa por parte do Estado, tendo como pano de fundo a relação entre diferentes ramos do cristianismo.

FIGURA CHAVE

Voltaire (1694-1778)
Obras mais importantes: *Cândido ou o otimismo*, *Dicionário filosófico*, *Cartas filosóficas*.

O nome verdadeiro de Voltaire era François-Marie Arouet. Embora não tenha sido um pensador particularmente original, ele fez muito para divulgar as obras de filósofos ingleses na França. Era conhecido por sua inteligência mordaz e foi um defensor ferrenho da justiça.

Nem todos os Estados toleram todas as religiões hoje em dia, por isso os problemas da época de Voltaire não desapareceram por completo. No entanto, mesmo nas sociedades em que a tolerância religiosa não é mais um fator considerável, a tolerância política quase sem dúvida o é. Os limites da tolerância política são definidos em termos de quais partidos ou organizações políticas estão oficialmente banidos de um Estado. Um momento de reflexão mostrará a improbabilidade de que a posição oficial a respeito desse tema receba apoio unânime. Não faz sentido banir um partido ou uma organização que não exista ou ao qual ninguém deseja pertencer. Por consequência, alguns irão se opor à posição oficial porque pertencem, ou desejam pertencer, ao partido ou à organização banida.

PENSE NISSO

Que partidos ou organizações políticas você considera que deveriam ser banidos? Por quê?

É provável que as pessoas proponham sugestões diferentes com base nos próprios conhecimentos e opiniões políticas. Porém, os mesmos motivos para banir partidos e organizações políticas tendem a aflorar de tempos em tempos. É improvável que grupos de qualquer tamanho ou natureza que busquem destruir o Estado, que tenham opiniões fundamentalmente incompatíveis com as do Estado ou que tentem promover suas concepções pelo uso da violência sejam bem-vindos em qualquer lugar.

É nitidamente possível sugerir que *qualquer* partido ou organização política seja banido por *qualquer* motivo, mas a filosofia exige que haja a busca de *bons* motivos e que a sua aplicação seja consistente. (→ 7) Se esse problema for abordado em uma sociedade liberal moderna que adota a tolerância, então o limite para o que conta como bom motivo deve ser bastante alto. Organizações que praticam a violência representam uma ameaça ao bem-estar físico do povo que o Estado deve proteger, por isso não chega a surpreender o fato de que tais organizações sejam sumariamente rejeitadas. No que tange às palavras, no entanto, quando nada pior do que a pregação está envolvido, as coisas tornam-se mais complicadas.

O impedimento da liberdade de expressão, geralmente mas não necessariamente em palavras, aparece sob o cabeçalho genérico de censura, e a censura pode ter vários alvos. Embora o banimento de partidos ou organizações políticas possa ter como alvo certas ideias políticas, boa parte da censura tem um alvo completamente diferente, que por vezes é resumido na palavra "obscenidade". A discussão de uma pode ajudar a elucidar a outra.

Durante vários anos, a definição funcional de "obscenidade" no Direito inglês era algo com a tendência de "depravar e corromper aqueles cujas mentes estão abertas a tais influências imorais". A definição foi formulada em 1868, na era vitoriana, quando depravação e corrupção tendiam a estar associadas somente a uma coisa! Quase um século depois, um tribunal inglês foi solicitado a decidir se *O amante de Lady Chatterley*, um romance de D. H. Lawrence, era obsceno. O julgamento foi memorável, e várias pessoas foram convocadas a fornecer evidências sobre os méritos literários da obra. É provável que o caso da acusação não tenha se beneficiado do fato de perguntarem aos jurados se eles permitiriam que suas esposas ou criados lessem o livro! É provável que o caso da defesa não tenha sido prejudicado pela observação de que ninguém acreditou que o juiz, o júri ou algum dos advogados envolvidos no julgamento tivessem se depravado ou corrompido pelo conhecimento do livro: "é sempre outra pessoa, nunca nós mesmos".

Existe um nome para isso: *paternalismo*. Paternalismo é quando você tenta controlar ou restringir a vida dos outros porque presume um tipo de superioridade sobre eles. Nas palavras da escritora Edna Ferber, e para dissipar qualquer ilusão de que isso talvez seja algo masculino, *Mamãe sabe o que é melhor* (título de um romance inédito no Brasil). No entanto, às vezes a mãe realmente *sabe* o que é melhor, e só porque se presume algum tipo de superioridade não significa que ela não exista. Embora pouquíssimas pessoas sejam censores profissionais, muitos pais tomam decisões em nome dos filhos todos os dias em relação ao que devem ou não ver, ouvir ou dizer. No momento certo, sob as circunstâncias certas e com as pessoas certas, o paternalismo pode muito bem ser apropriado. Considerações sobre justiça (→ 17) e relevância (→ 16) podem tornar o tratamento de certa forma diferenciado de crianças não só razoável, como também desejável.

Porém, se for para justificá-lo, o paternalismo deve ser exercido por algum motivo. O argumento subjacente proposto pela defesa no julgamento de *O amante de Lady Chatterley* foi que, se ninguém foi depravado nem corrompido pelo livro, então não houve mal algum. E, se não houve mal algum, qual foi o problema?

PENSE NISSO

Cada vez mais o foco sobre censura vem se transferindo de livros para outras mídias, sobretudo a televisão. A censura na televisão é um tópico complexo, porque as opiniões tendem a variar conforme o horário do dia em que o programa é exibido, a facilidade de acesso a ele, e assim por diante. Aqui, quero considerar apenas um único aspecto desse tópico. Você acha que as cenas de violência gráfica devem ser exibidas na TV aberta durante o dia? Que motivos você daria para a sua resposta?

Escolhi a TV aberta durante o dia porque vários argumentos sobre a censura na televisão giram em torno da probabilidade de crianças estarem ou não assistindo. Nesse caso, pode-se presumir que estejam. Se estão, por que não devem ter permissão de assistir a cenas de violência gráfica? O motivo habitual é que a experiência pode ser prejudicial. Mas o prejuízo é um fato e, portanto, exige evidência. Se a exposição a programas de televisão ou filmes violentos torna as pessoas mais violentas ou não é um debate que já vem ocorrendo há décadas, e o melhor que se pode dizer é que os resultados de todas as pesquisas conduzidas até então são inconclusivos. As pessoas tendem a presumir que a violência na tela tem algum efeito, mas não sobre elas. Se a violência na tela não tornaria um adulto mais violento, por que isso ocorreria com uma criança? Qual é a diferença relevante entre adultos e crianças nesse caso? Faz alguma diferença se o programa é de ficção ou se é o noticiário? Somente notícias não violentas devem ser exibidas durante o dia?

Até que ponto um serviço de notícias do qual fosse excluída toda a violência gráfica estaria apresentando uma visão precisa do mundo?

Toda sorte de censura visa a negar acesso a determinados tipos de coisas. A censura geralmente é feita por motivos paternalistas para proteger as pessoas contra o que está sendo censurado. No entanto, o ato de censura também pode ser um ato de hipocrisia, (→ 7) e levada a extremos a censura dissolve-se em pantomima. No maravilhoso filme *Cinema Paradiso*, o padre católico local faz uma prévia de cada filme a ser exibido no cinema para garantir que nada inadequado seja mostrado. Cada beijo precisa ser extirpado com cuidado. Para proteger os espectadores do quê exatamente? E, se o padre conseguiu assistir ao filme inteiro sem sofrer nenhuma consequência negativa, por que seria diferente com as pessoas na plateia? Você passa a maior parte do dia a dia agindo com base em suas crenças. A filosofia convida a parar e a refletir sobre elas. Os exercícios deste capítulo devem ter ajudado você a explorar os limites da própria tolerância. A ideia que Voltaire defendia ainda é válida; as únicas opiniões que precisam ser toleradas são aquelas com as quais você não concorda. E, se não causaram nenhum mal a você, por que causarão mal aos outros?

E AGORA? Na próxima vez em que você pensar que algo não deve ser permitido, pare e pergunte a si mesmo por quê. Algum mal seria causado com a sua permissão?

O único propósito para o qual o poder pode ser legalmente exercido sobre qualquer membro de uma comunidade civilizada, contra a sua vontade, é evitar danos aos outros.

John Stuart Mill

20. Você e eu

Nenhum homem é uma ilha, completa em si mesma.
John Donne

DO QUE SE TRATA? Que você veja o mundo a partir de perspectivas pessoais não é nada surpreendente; vemos o mundo de onde estamos. Contudo, só porque você tem a sua visão das coisas não significa que tenha de ser egoísta. Não há nada errado em tentar tomar conta dos próprios interesses, mas o modo de fazer isso nem sempre é evidente. Além disso, outras pessoas também têm seus interesses. Então, como decidir o melhor a ser feito quando se está lidando com outras pessoas?

O dia a dia pode ser visto como um processo longo e constante de interação entre você mesmo e o mundo ao seu redor. A maneira como você percebe esse mundo é um dos principais fatores para determinar como responde a ele. (→ 12) Porém, qualquer resposta que venha *de* você também é modelada *por* você. Por exemplo, se eu vejo um gato e adoro gatos, responderei de modo diferente de alguém que vê o mesmo animal e é alérgico a gatos. Minha tendência será me aproximar do gato, enquanto a outra pessoa tenderá a se afastar dele. Mas nós *dois* faremos o que é melhor para nós. Ambos estaremos motivados a fazer o que acreditamos ser de interesse próprio. Isso tudo parece totalmente natural e racional. A ideia de que você *jamais* optaria por fazer o que é melhor para você parece ridícula. E o contrário? Você *sempre* opta por fazer o que percebe ser de interesse próprio? E, se sempre faz isso, como ficam as outras pessoas?

A ideia de que, na realidade, as pessoas sempre e somente agem com base em motivos de interesse próprio não se sustenta pelas evidências. Não é difícil encontrar exemplos de pais que se sacrificam pelos filhos e de soldados que se sacrificam pelos companheiros. No entanto, só porque as pessoas fazem coisas não significa que tenham bons motivos para fazê-las. Talvez as pessoas só estejam cometendo um erro ao resolverem ser altruístas?

PENSE NISSO
Eis um problema bastante conhecido chamado "dilema dos prisioneiros". Dois homens, Bill e Ben, suspeitos de cometer um crime grave juntos, são mantidos em celas separadas. A polícia só tem evidências suficientes para condená-los por um crime secundário. Para obter uma condenação pelo crime principal, precisam da confissão de ao menos um dos homens. Por incrível que pareça, os dois homens têm um ótimo conhecimento da política de sentenças jurídicas do Estado! Se nenhum deles confessar o crime principal, cada um será condenado a um ano de prisão pelo crime secundário. Se um deles confessar o crime principal e trair o outro, aquele que confessar será solto, enquanto o outro que foi traído receberá uma sentença de vinte anos. Se os dois confessarem o crime principal, deverão cumprir uma pena de cinco anos cada. Os prisioneiros não podem comunicar-se entre eles. O que Bill e Ben devem fazer?

Vejamos a situação do ponto de vista de Bill. Se só ele confessar, será solto imediatamente. Se confessar e Ben também, irá para a prisão por cinco anos. Se não confessar e Ben confessar, irá para a prisão por vinte anos. Se nem ele nem Bem confessarem, irá para a prisão por um ano. O pior que pode acontecer se confessar é uma sentença de cinco anos, e o melhor é que seja solto imediatamente. O pior que pode acontecer se não confessar é uma sentença de vinte anos, e o melhor é que fique preso por um ano. A aposta mais segura para ele é confessar, porque não pode presumir que Ben não o fará. E Ben terá o mesmo raciocínio. Assim, ambos acabarão cumprindo cinco anos.

O que se pode aprender com o "dilema dos prisioneiros"? Ele foi criado para mostrar que, pela busca individual do que percebem como interesse próprio, Bill e Ben não tiveram um desempenho tão bom no exercício quanto poderiam. Ao optarem pelo caminho do autointeresse, os dois recebem penas de cinco anos, quando poderiam ter escapado com apenas um ano cada se tivessem abordado o problema de outro jeito. Porém, o dilema é baseado no fato de que Bill e Ben não podem se comunicar entre eles. Se pudessem conversar, poderiam combinar o que fazer e receber apenas um ano cada. Será mesmo? Isso só funcionaria se eles pudessem confiar um no outro. Suponha que prometam um ao outro que não irão confessar. Se Bill confia em Ben, então não confessará e pode esperar sair da cadeia após um ano. No entanto, se Ben descumprir a promessa e confessar, Bill acabará na prisão por vinte anos e Ben será solto imediatamente.

O "dilema dos prisioneiros" originou-se na parte da matemática aplicada conhecida como teoria dos jogos, sendo desenvolvido para demonstrar os benefícios da cooperação. Mesmo aqueles que competem aberta e ativamente entre si podem se beneficiar da cooperação. O "dilema dos prisioneiros" não foi obtido do dia a dia, mas não é muito difícil pensar em como é possível tirar lições dele. Imagine um pequeno vilarejo em que existam dois bares de propriedade de dois ex-prisioneiros chamados Bill e Ben. Há anos eles vêm cobrando aproximadamente os mesmos preços para tudo, e ambos conseguiram se sustentar de maneira razoável. Agora, porém, os tempos estão um pouco mais difíceis, e Bill decide fazer algo a respeito: ele reduz o preço da cerveja em 10%. Ele ganha mais fregueses e aumenta as vendas, enquanto os lucros de Ben despencam. Por isso, Ben decidir baixar o preço de *sua* cerveja em 15%. E assim por diante. Em pouco tempo, nenhum deles está ganhando dinheiro algum com a venda de cerveja. Se ambos tivessem mantido os preços nos níveis originais, estariam em melhor condição. É por isso que existem cartéis, pois trazem benefícios a seus membros.

Questões sobre ser "naturalmente" competitivo ou cooperativo, egoísta ou altruísta, desembocam no problema mais amplo da natureza humana. (→ 15) Elas demonstraram ter apelo especial a filósofos políticos. Há muito os filósofos políticos se fazem duas perguntas distintas, mas relacionadas. Primeiro, como a sociedade humana veio a existir? Segundo, tomando isso como fato, qual é a melhor maneira de organizá-la? Uma das formas pelas quais exploram essas questões é por meio da ideia do "estado de natureza". Alguns acreditam que essa seja uma fase real pré-social da história humana, enquanto outros preferem tratá-la como um tipo de experimento mental.

> **PENSE NISSO**
>
> *Como experimento mental, o estado de natureza é o que sobra quando há um colapso completo da lei e da ordem. O estado de natureza passa a existir quando tudo o que sobra de uma sociedade são as pessoas que pertencem a ela. Como você imagina que isso seria?*

Existem duas principais maneiras de explorar essa questão: pela imaginação ou pela história. Um romance como *O senhor das moscas*, de William Golding, é um bom exemplo de abordagem imaginativa ao exercício. Ele retrata o que poderia ocorrer se um grupo de crianças ficasse abandonado em uma ilha deserta. Da perspectiva histórica, cenários em que a lei e a ordem entram em colapso incluem guerra civil e Estados falidos. A dissolução da ex--Iugoslávia na década de 1990 oferece um exemplo relativamente recente.

No estado de natureza, você aparece como é quando a última camada de civilização foi removida. É célebre a descrição que

Thomas Hobbes fez da vida no estado de natureza como "solitária, pobre, sórdida, embrutecida e breve". Seria breve principalmente porque haveria pouco para evitar as pessoas de se matarem e nada para prevenir que desejassem isso. Uma visão bastante diferente foi adotada por Rousseau.

FIGURA CHAVE

Jean-Jacques Rousseau (1712-1778)
Obras mais importantes: *Émile, O contrato social, Confissões.*
Nascido na Suíça, Rousseau passou vários anos na França e algum tempo exilado na Inglaterra, sob a proteção de David Hume. Alguns escritos seus foram considerados escandalosos, e sua vida privada não estava livre de imperfeições.

Rousseau acreditava que a vida no estado de natureza era solitária, mas sua concordância com Hobbes ficava por aí. Para Rousseau, o estado de natureza também era um estado de inocência em que se podia viver uma vida simples em paz. Embora a sociedade carregasse consigo alguns benefícios, ele costumava culpá-la por todos os males que se abateram sobre a humanidade. Enquanto Hobbes via o estado de natureza como algo próximo ao *Inferno* de Dante, para Rousseau era mais como o Jardim do Éden.

Não é inteiramente justo comparar Hobbes e Rousseau, porque para Hobbes o estado de natureza era um experimento mental, ao passo que Rousseau acreditava ser um período real da história. Não obstante, eles apresentam alternativas extremas. Com visões bastante distintas da natureza humana, eles foram levados a acreditar em motivos muito diferentes para explicar a formação das sociedades e os benefícios de viver em sociedade. É difícil evitar a conclusão de que as visões de Hobbes foram influenciadas por suas experiências na Guerra Civil na Inglaterra e no período de agitação social que a precedeu, ao passo que as de Rousseau foram modeladas por uma infância passada em uma Genebra muito mais pacífica.

Exceto por aqueles que voltam as costas ao mundo por completo e tornam-se ermitões, lidar com os outros é uma parte integral do dia a dia. Se os outros têm direitos, então eu posso ter deveres em relação a eles, porque eles têm reivindicações sobre mim. (→ 18) Mesmo que não as tenham, o "dilema dos prisioneiros" sugere que a cooperação com os outros pode ajudar a proporcionar o que eu quero. E, se eu acreditar que jamais devo tratar os outros meramente como um fim (→ 6), isso já estipula certos padrões mínimos de comportamento para minhas interações com as pessoas.

E AGORA? Na próxima vez em que você estiver em uma situação de competição, pare e pergunte a si mesmo: "Ser competitivo é o mais vantajoso para mim? Ou seria melhor ser cooperativo?".

Não constitui uma dedução correta dos princípios da Economia que o autointeresse esclarecido sempre atue a favor do interesse público.

John Maynard Keynes

21. Verdade e consequências

Sempre que uma disputa é séria, devemos estar em condições de mostrar alguma diferença prática que decorra necessariamente de que um lado ou o outro está correto.

William James

DO QUE SE TRATA? Qual é o propósito do conhecimento? Como ele é adquirido? Como se faz para testá-lo?

Os céticos podem ter razão em dizer que é extremamente difícil, talvez até impossível, atingir a certeza. (→ 2) Contudo, mesmo que estejam certos, isso não significa que toda incerteza seja tão boa ou tão ruim quanto qualquer outra. Se você realmente acredita que "perdido por um, perdido por mil", então tem uma alta probabilidade de jamais melhorar ou aprender nada. Embora alguns erros cometidos na vida possam, de fato, ser desastres totais, ao menos alguns deles oferecem a chance de aprender algo. No entanto, você só pode aprender algo se souber como.

Na linguagem do dia a dia, "pragmatismo" sugere uma falta de preocupação com a teoria, mas na filosofia pragmatismo *é* uma teoria. Ele tem uma associação particular com três filósofos americanos: Charles Sanders Peirce, John Dewey e William James. São três personagens interessantes, todos com uma ampla gama de interesses. Peirce foi influente no desenvolvimento da semiologia (→ 14), Dewey na filosofia da educação e James na psicologia.

FIGURA CHAVE

Charles Sanders Peirce (1839-1914)
Obras mais importantes: escreveu vários ensaios filosóficos que aparecem em uma série de coletâneas diferentes.

A carreira principal de Peirce foi de cientista, sobretudo nas áreas de astronomia e física. Seus principais interesses filosóficos estavam em lógica. Ele passou os últimos anos de sua vida em uma pobreza extrema, sendo sustentado por diversos amigos, inclusive William James.

Embora Peirce possa ser considerado o fundador do pragmatismo, foi James quem o divulgou para um público mais amplo. O princípio fundamental do pragmatismo é que tanto o valor quanto o teste do conhecimento estão em suas implicações práticas. Algo está certo na medida em que funciona. Algo é insignificante na medida em que não tem nenhuma implicação prática possível.

PENSE NISSO

O exercício a seguir é baseado em outro, proposto por William James. Muitas pessoas religiosas alegam que o mundo foi criado por Deus. Muitas pessoas científicas alegam que o mundo foi criado por um Big Bang. Como decidir quem está certo?

A conclusão à qual James chegou é que é impossível decidir. Nossa experiência do mundo é a mesma, tenha ele sido criado por Deus ou por um Big Bang. Para os propósitos de presente, a questão é irrelevante. No entanto, isso não significa que seja totalmente sem sentido. Se você pensar no futuro, no fim do mundo, perceberá que a forma como o mundo veio a existir pode fazer diferença *naquele momento*. Se Deus o criou, pode-se esperar que o mundo termine de maneira diferente de como terminaria se tivesse sido criado por um Big Bang. Se você não consegue imaginar nenhuma diferença possível que poderia haver dependendo se Deus ou o Big Bang criou o mundo, seria uma questão sem sentido algum. O mundo é exatamente o mesmo lugar de qualquer forma.

Parte do programa dos pragmáticos era nos persuadir a parar de perder tempo pensando em coisas nas quais não vale a pena pensar. Se uma pergunta não tem resposta ou se não importa para fins práticos qual seria a sua resposta, então a pergunta pode ser ignorada ou desconsiderada. De todo modo, é no dia a dia que nossas crenças são testadas. Pode ser um clichê, mas é na universidade da vida que se faz boa parte do aprendizado. Então, como se deve proceder?

FIGURA CHAVE

William James (1842-1910)
Obras mais importantes: *Pragmatismo*, *Princípios de psicologia*, *As variedades da experiência religiosa*.

William James, irmão do romancista Henry James, apesar da saúde constantemente debilitada, era bastante viajado. Seu interesse por misticismo levou-o a conduzir experimentos com as propriedades psicoativas de certas drogas.

Um dos grandes debates em filosofia ao longo dos séculos é a origem do conhecimento. Nascemos com ele? Pode-se desenvolvê-lo só de pensar sobre as coisas? Ou ele deriva da experiência? Talvez o conhecimento seja obtido dessas três fontes, mas algum conhecimento, ao menos, parece depender da experiência, em um processo de tentativa e erro. Esse processo é chamado de "3 Rs", que correspondem a refletir, refinar e repetir.

A reflexão é parte fundamental da vida examinada. No processo de tentativa e erro, a reflexão envolve a análise do que deu errado. Ou, se nada deu *errado* na prática, a análise do que poderia ser *melhor*. O refinamento envolve a descoberta de quais mudanças poderiam gerar uma melhoria. A repetição põe as mudanças à prova para ver se fazem o que devem fazer. E então o processo todo começa novamente.

Uma ilustração simples demonstra o processo em funcionamento. Mudei-me para uma nova casa e quero ir a pé para o trabalho no menor tempo possível. Se eu refletir um pouco, não presumo que a primeira rota escolhida seja a melhor. Posso tê-la escolhido porque parece mais curta no mapa, mas depois percebo que perco muito tempo atravessando algumas ruas movimentadas se for por esse caminho, então talvez ele não seja o mais rápido. Assim, tento uma série de percursos diferentes e, por fim, encontro um que parece sempre oferecer o melhor tempo. O processo de reflexão, refinamento e repetição compensou. Sucesso! Algumas coisas no dia a dia realmente são simples assim. Infelizmente, muitas outras não o são. Se eu quero ir a pé para o trabalho no menor tempo possível, sei aonde quero chegar (trabalho), sei como quero chegar lá (caminhando) e sei o que é o sucesso (o menor tempo possível). Sabendo dessas três coisas, posso atingir o sucesso com relativa facilidade por meio de um processo de tentativa e erro. Mas nem sempre é tão fácil. Suponha que alguém aborde você na rua e pergunte o melhor caminho para chegar a determinada loja. Você pode presumir que, por "melhor caminho", a pessoa queira dizer o mais rápido. No entanto, sendo um filósofo, você sabe que não deve fazer suposições desnecessárias (→ 24), portanto pergunta o que a pessoa quis dizer com "melhor caminho". Se ela disser que significa o caminho mais rápido ou o mais curto, então você sabe como responder. Contudo, se ela disser "só quis dizer o melhor caminho", então você não sabe como responder porque ela não sabe o que está perguntando. (→ 22)

Em *O peregrino*, de John Bunyan, o herói, Cristão, está em uma jornada. Porém, é evidente que devemos entender que não se trata de uma jornada física, e sim espiritual. A comparação da vida, ou de algum aspecto dela, a uma jornada não é nova nem profunda, mas às vezes pode ser útil.

PENSE NISSO

Este exercício é bastante trabalhoso. Não há resposta certa ou errada, mas pode exigir muita reflexão. Se você acredita que a vida é uma jornada para algum lugar, aonde está tentando chegar?

Se estou tentando ir a pé para o trabalho e sigo um lindo trajeto andando ao longo de rios e atravessando campos, mas acabo chegando a um lugar que não é o meu trabalho, então algo deu errado. Sei disso porque não cheguei aonde queria ir. Todavia, se não sei aonde quero chegar, então não sei se algo deu errado ou não. Talvez não faça diferença. Talvez eu só queira uma caminhada prazerosa. Nesse caso, o *prazer* é o objetivo e, se eu não apreciá-la, então algo deu errado. O processo de tentativa e erro só funciona se você sabe reconhecer o erro. Se não existe algo como estar errado, então não existe algo como estar certo. E, se não existem erros, então não há nada com o que aprender.

Infelizmente, o dia a dia não vem com um manual de instruções, por isso você tem muito a aprender ao longo do caminho. Se você não é capaz de aprender, é improvável que faça algum progresso. Contudo, a menos que saiba reconhecer os erros, jamais aprenderá nada com eles. Errar não é só humano; é essencial!

E AGORA? Na próxima vez em que você cometer um erro, pergunte a si mesmo: "O que eu posso aprender com isso?".

Aprendi com os meus erros e tenho certeza de que posso repeti-los.
Peter Cook (como Sir Arthur Streeb-Greebling)

22. Cuidado com o que fala!

Tudo o que pode ser dito pode ser dito com clareza.
Ludwig Wittgenstein

DO QUE SE TRATA?

No dia a dia, a tendência é não dar atenção à linguagem. É só o que usamos para nos comunicar com os outros. No entanto, não é tão simples assim. Você não pode presumir que tudo o que diz de fato faça sentido. Não pode presumir que toda pergunta que possa ser feita tenha ou precise de uma resposta. Na verdade, a linguagem que você usa pode levar a todo tipo de armadilha se não tiver cuidado.

Durante boa parte do século XX, a filosofia nos países de língua inglesa foi dominada por uma preocupação (alguns diriam uma obsessão) com a linguagem. O gênio dominante desse desenvolvimento foi, sem dúvida, Ludwig Wittgenstein, mas ele teve muitos partidários e seguidores aptos e dispostos. Havia uma forte crença de que os filósofos do passado haviam dado atenção insuficiente à linguagem e, por consequência, perderam-se em inúmeros becos sem saída. Os filósofos não responderam a diversas questões porque não perceberam que as questões em si eram insignificantes.

FIGURA CHAVE

Ludwig Wittgenstein (1889-1951)
Obras mais importantes: *Tractatus Logico-Philosophicus*, *Investigações filosóficas*.

Nascido em uma família vienense abastada, Wittgenstein foi pela primeira vez à Inglaterra estudar aeronáutica. Serviu no exército austríaco na Primeira Guerra Mundial e trabalhou de servente de dispensário na Inglaterra na Segunda Guerra Mundial.

Por que alguém *tentaria* responder a uma pergunta que não tem significado? Porque as pessoas às vezes acreditam que uma pergunta tem significado quando, na verdade, não tem. Existe outro cenário que é menos drástico, mas que talvez seja mais comum. É quando uma pergunta tem mais de um significado possível e pode ser interpretada de várias formas. Nesse caso, não se trata de uma pergunta, mas de várias, e uma resposta correta para uma interpretação pode não ser adequada para outra. Alguns exemplos podem ajudar a ilustrar a questão fundamental.

PENSE NISSO

Considere esta pergunta: "Quando a democracia se casou?". Ela significa alguma coisa? Se sim, o quê? Se não, por que não?

É sempre um pouco perigoso dizer que algo *jamais* poderia significar coisa alguma. A literatura e as artes visuais oferecem vários exemplos de "casamentos" simbólicos ou alegóricos de diversos tipos, então primeiro é preciso esclarecer que estamos em busca de um significado *literal* aqui. No sentido literal, "Quando a democracia se casou?" é insignificante, porque a democracia não é o tipo de coisa que pode se casar. A pergunta é um exemplo do que G. E. Moore chamou de "erro de categoria". A questão mistura dois tipos diferentes de coisas: coisas que podem se casar e coisas que não podem se casar. Portanto, é inútil tentar decidir quando a democracia se casou, porque ela jamais pode se casar. Se você tentar responder ao "quando" da pergunta, sem perceber que o restante dela não faz sentido, está procurando chifre em cabeça de cavalo.

Infelizmente, as coisas quase nunca são assim tão fáceis! As aparências costumam ser mais enganosas. A seguir, é apresentado um exemplo mais difícil.

PENSE NISSO

Considere esta pergunta: "A democracia é a melhor forma de governo?". Isso significa algo? Se sim, o quê? Se não, por que não?

Ao que parece, é evidente que essa pergunta faz sentido de uma maneira que a anterior não fazia. No entanto, antes de poder começar a respondê-la, é preciso considerar se o sentido da pergunta está claro. O que é democracia? Existe uma definição consensual? É possível haver democracia sem eleições? É possível haver democracia sem liberdade de expressão? É possível haver democracia sem um Estado de bem-estar social? E assim por diante. A pergunta "O que é democracia?" precisa ser respondida antes de se poder avaliar se a democracia é a melhor forma de governo e, ao se aprofundar no assunto, constata-se que há várias opiniões diferentes sobre o conceito de democracia. Porém, presumindo que se possa concordar sobre o que é a democracia, como decidir se ela é ou não a melhor forma de governo? A melhor forma de governo é aquela que oferece a maior liberdade? Aquela que oferece o maior poder? Aquela que oferece o melhor crescimento econômico? E assim por diante, outra vez. Nem é preciso dizer que as opiniões sobre esse assunto também variam muito! A pergunta "A democracia é a melhor forma de governo?" faz sentido, mas há muito trabalho a ser feito antes de se poder afirmar com exatidão o que ela está perguntando.

O que Wittgenstein e seus seguidores argumentam é que, se uma pergunta não for clara, é inútil tentar respondê-la e, se a pergunta não pode ser esclarecida, então não é uma pergunta de verdade. O fato de que possa parecer uma pergunta real não faz com ela seja verdadeira. O que é necessário é uma análise criteriosa da pergunta para identificar precisamente o que está sendo perguntado. Depois de realizar essa tarefa, então tanto a pergunta quanto a resposta deverão estar claras.

Quando o método de Wittgenstein é aplicado ao primeiro exemplo, "Quando a democracia se casou?", é evidente que não há resposta a ser encontrada porque a pergunta em si não faz sentido. Quando se aplica ao segundo exemplo, o resultado é diferente e mais complexo. A pergunta "A democracia é a melhor forma de governo?" torna-se "A democracia (pela qual se quer dizer a forma de governo com características a, b e c) é a melhor forma de governo (pelo qual se quer dizer a forma de governo com melhor desempenho de acordo com os critérios x, y e z)?". Se você puder alçar a pergunta a esse nível de objetividade, então deverá ser relativamente fácil respondê-la.

Muitas vezes, porém, não se pode levar a pergunta a esse nível de objetividade. O que costuma ocorrer é que, embora *eu* ache que democracia significa "a forma de governo com características a, b e c", *você* acha que ela significa "a forma de governo com características d, e e f". E se para *mim* a melhor forma de governo é aquela com melhor desempenho em termos de x, y e z, para *você* é aquela que tem melhor desempenho em termos de 1, 2 e 3! Se as mesmas palavras podem ser interpretadas de maneiras distintas, então o que parece ser uma pergunta, na verdade, são várias. Cada interpretação diferente de "democracia" gera um significado diferente para a pergunta "A democracia é a melhor forma de governo?". Se as pessoas discordam quanto à resposta para a pergunta, pode ser que estejam, de fato, respondendo a perguntas distintas. Suponha que eu lhe pergunte qual é a melhor estrada para chegar a Edimburgo. Por "melhor" eu quero dizer "a que tem as melhores paisagens". Infelizmente, por "melhor" você entendeu "a mais rápida". É improvável que o itinerário recomendado por você seja o que eu estou procurando.

Essa abordagem à filosofia passou a ser criticada por muitos por ser pedante e evitar, em vez de confrontar, os problemas mais prementes do dia a dia. O cotidiano não tem a ver só com a linguagem e, por vezes, as perguntas são bastante claras, mas as respostas permanecem bastante elusivas.

No entanto, não eram somente filósofos que estavam preocupados com as armadilhas que a linguagem pode criar para os incautos. Um dos romances mais conhecidos do século XX foi publicado logo após a morte de Wittgenstein. Seu título é *1984*. Um dos aspectos mais alarmantes da sociedade imaginária retratada por George Orwell é a linguagem, a Novilíngua. "O objetivo da Novilíngua não é apenas oferecer um meio de expressão para a cosmovisão e para os hábitos mentais dos devotos do Socing [nome para 'socialismo inglês' na novilíngua], mas também impossibilitar outras formas de pensamento". Uma ideia fundamental que perpassa *1984*, bem como boa parte da não ficção de Orwell, é a conexão entre linguagem e pensamento, que opera em duas direções: o pensamento preguiçoso se expressa em um uso indolente da linguagem, e uma linguagem limitada impõe limites sobre o que se pode pensar. Sendo jornalista, Orwell tinha um interesse especial pelo problema da propaganda. Em seu ensaio sobre política e o idioma inglês, ele escreveu que "a linguagem política destina-se a fazer com que a mentira soe como verdade e o crime se torne respeitável, bem como a imprimir ao vento uma aparência de solidez".

PENSE NISSO

A mentira descarada ocupa uma extremidade de um espectro onde também há espaço para manipulação e para "fazer o melhor possível em uma situação difícil". Além disso, embora os políticos sofram na carne o escárnio de Orwell, a mídia está longe de ser inocente. Considere as duas frases a seguir. (a) Nossos bravos garotos lançaram um ataque surpresa; (b) O inimigo covarde lançou um ataque furtivo. Qual é a diferença entre elas?

A principal diferença não está tanto no que dizem, mas em como se espera que você responda a elas. Sem dúvida, espera-se que você aprove o que está descrito em (a) e desaprove o que está descrito em (b). Você pode até se identificar com aqueles descritos em (a), mas é improvável que se identifique com os descritos em (b). O que está ocorrendo nos dois casos é que um grupo de pessoas ataca outro grupo sem anunciar o fato com antecedência.

A presença desse exercício em um livro como este alerta você para ficar de olho no que está acontecendo. Ao se conscientizar da tentativa de manipulação para aderir a um lado contra o outro, você pode optar por não ser manipulado. A presença de algo semelhante na mídia diária é uma experiência bastante diferente. A menos que esteja ciente de que a linguagem está sendo utilizada para manobrar você a adotar algum lado ou a formar algum julgamento, você está, em grande medida, à mercê da mídia.

E AGORA? Na próxima vez em que você ler um artigo de jornal, pergunte a si mesmo quanto ele está tentando comunicar informações atuais e quanto está tentando influenciar o seu pensamento. O que é fato e o que é opinião? Adquira o hábito de ver além das palavras para enxergar o que realmente está acontecendo.

A ferramenta básica para a manipulação da realidade é a manipulação das palavras. Se puder controlar o significado das palavras, você pode controlar as pessoas que devem usá-las.

Philip K. Dick

23. Uma questão de vida e morte

Não é que eu tenha medo de morrer.
Só não quero estar lá quando isso acontecer.

Woody Allen

DO QUE SE TRATA?

O capitão Kirk estava errado: a morte, e não o espaço, é a fronteira final. E as viagens que cruzam essa fronteira só parecem acontecer em uma direção. Pensar em nada além da morte pode ser mórbido, mas fingir que ela jamais acontecerá é viver em um paraíso de tolos. Em vida, a morte exige a nossa atenção.

Qualquer que seja a sua opinião, a morte é algo que não se pode evitar no dia a dia. Alguns podem dar um jeito de evitar a tributação, mas a morte permanece sendo uma certeza. E também é uma grande *in*certeza, embora não haja escassez de crenças sobre ela. Diferentes culturas e religiões a revestem de diversas maneiras, porque o que não pode ser evitado deve ser enfrentado.

Os filósofos não se esquivaram do desafio de lidar com a morte. Alguns deles tiveram mortes bastante dramáticas. Dizem que Empédocles acabou com a própria vida pulando na cratera do Monte Etna. Sócrates cumpriu a pena de morte imposta por seus compatriotas bebendo cicuta. Sêneca cortou os pulsos, tomou veneno e se asfixiou. Não se sabe exatamente como Epicuro morreu, embora tivesse problemas de saúde por vários anos.

FIGURA CHAVE

Empédocles (século V a.C.)
Obra mais importante: sobreviveram fragmentos que parecem ter vindo de dois poemas, chamados *Sobre a natureza* e *Purificações*.

Ele nasceu em Agrigento, na Sicília, e acreditava que tudo era composto de terra, fogo, ar e água. Ele acreditava na reencarnação humana, e alguns achavam que ele tinha poderes mágicos.

Epicuro acreditava plenamente que as pessoas tinham medo de coisas sobretudo porque não as compreendiam; se pudessem ser explicadas de maneira adequada, então muitas ansiedades simplesmente desapareceriam. Reconhecia que a morte era uma das coisas mais temidas e tentava tranquilizar as pessoas de que não havia motivo para se sentirem assim. Não era possível dar um sumiço na morte, mas ele acreditava que podia ajudar as pessoas a vê-la sob a perspectiva correta. Ele resumiu assim sua posição: "A morte não é nada para nós, pois, quando existimos, não existe a morte e, quando existe a morte, não existimos mais". Sua principal razão para pensar assim era científica. Sendo alguém que acreditava que somos todos compostos de átomos, Epicuro raciocinou que, na morte, os átomos simplesmente se dispersam. É semelhante a quando uma onda vem e desmancha um castelo de areia. O castelo de areia não foi a lugar algum, ele só deixou de existir. O que fora um castelo de areia agora é apenas um monte de areia.

FIGURA CHAVE

Epicuro (c. 340-c. 270 a.C.)
Obras mais importantes: embora tenha sido um escritor profícuo, pouco chegou até nós além de alguns fragmentos e cartas.

Epicuro nasceu em Samos, mas mudou-se para Atenas e fundou uma comunidade filosófica chamada "Jardim". Ele era tão cientista como filósofo e acreditava ter descoberto explicações para diferentes tipos de clima.

Uma abordagem bastante semelhante foi adotada por Ludwig Wittgenstein, embora tivesse baseado seu argumento na filosofia, em vez de na ciência: "A morte não é um evento da vida. A morte não se vive". A morte não acontece *comigo* porque *eu* sou um ser vivo. Quando a morte ocorrer, já não existirei mais. Pode parecer que Epicuro e Wittgenstein estão apenas brincando com as palavras, mas as intenções deles são totalmente sérias. Se a morte não ocorre conosco, porque não é possível, não há necessidade de temê-la. É um evento que ocorre em um mundo do qual eu já parti. Se Wittgenstein estiver certo, Woody Allen terá seu pedido atendido.

PENSE NISSO
Pense um pouco em suas opiniões sobre a morte. Você acredita que é o fim de tudo ou que existe algum tipo de "vida após a morte"? Por que você pensa assim? Suas opiniões sobre a morte já mudaram alguma vez?

Nesse caso, não há respostas a serem distribuídas, mas é possível observar que a maioria das pessoas que acredita em vida após a morte o faz por motivos religiosos de um tipo ou de outro. No entanto, Dalai Lama já argumentou que devemos acreditar nisso por motivos científicos. A linha geral do seu argumento era bastante simples: a ciência nos diz que a energia não se cria nem se destrói. Um corpo morto tem consideravelmente menos energia do que um vivo. Então, para onde foi a energia ausente?

Alguns filósofos argumentam que a morte *deve* ser o nosso fim, porque a alternativa não faz sentido algum. Considerando que não há dúvida de que o corpo esteja morto, o que ou onde está o "eu" que ainda poderia estar vivo de alguma forma? É verdade que, sendo ser humano, a morte parece ser o fim das coisas, porque o corpo é parte do que nos faz seres humanos; aliás, é uma parte indispensável! (→ 15) Porém, se você fizer a distinção entre seres humanos e pessoas (→ 6), então, a menos que todos e somente os seres humanos sejam pessoas, é possível que algumas coisas sejam verdadeiras para pessoas que não são verdadeiras para seres humanos. Por exemplo, a definição de pessoa dada por John Locke, "um ser inteligente, que tem razão e capacidade de reflexão, podendo considerar a si próprio como alguém que pensa, em diferentes momentos e lugares", não faz menção a um corpo físico, seja humano ou de outra espécie. No entanto, quem rejeita a possibilidade da vida após a morte argumentaria que o tipo de ser descrito por Locke só poderia ser algo com um corpo físico. A vida após a morte não é rejeitada por ser uma impossibilidade *científica*, mas sim *lógica*. (→ 9) Segundo essas pessoas, o tipo de coisa que tem raciocínio, reflexão etc., não pode ser também o tipo de coisa que não tenha corpo físico. Se estiverem certas, então qualquer evidência que pareça sugerir a possibilidade de vida após a morte deve ser rejeitada. Não é possível haver evidências para algo que é logicamente impossível. E o debate permanece.

Lidar com a própria morte é uma coisa; lidar com a morte dos outros é algo diferente. Só preciso lidar com minha morte uma vez, enquanto a morte dos outros pode acontecer com bastante frequência. Séculos atrás, o historiador grego Heródoto observou que as sociedades levam suas convenções sobre a morte muito a sério. Ele conta a história do rei persa, Dário, que resolveu fazer um teste. Primeiro ele perguntou a alguns gregos de sua corte se aceitariam comer um cadáver. Os gregos ficaram horrorizados com a sugestão. Depois, perguntou a alguns indianos de sua corte se aceitariam queimar um cadáver. Da mesma forma, ficaram horrorizados com essa sugestão. Dário sabia, como você pode ter adivinhado, que os gregos queimavam seus mortos e os indianos comiam os seus. O objetivo da história não foi apenas ilustrar a diferença entre as convenções dos dois grupos, como também mostrar a intensidade do apego que têm às próprias convenções. (→ 12)

Tais diferenças ainda estão presentes entre nós. Após a morte do marido, o príncipe Albert, em 1861, a rainha Vitória usou roupas pretas em sinal de luto pelo resto da vida. Ela morreu em 1901. Há pouco participei do funeral de um amigo. A pedido da viúva, ninguém vestiu preto. Na China, é o branco, e não o preto, a cor da morte, porque branco é a cor dos fantasmas. Os símbolos externos têm significado (→ 14), mas o significado dos símbolos altera-se ao longo do tempo. De certo modo, os antigos céticos tinham a resposta (→ 2): você faz o que a maioria das pessoas faz. Contudo chega um momento em que quem vive a vida examinada começa a se sentir desconfortável com o que a maioria faz. Por que perder tempo pensando por si mesmo se você vai acabar seguindo o rebanho?

Quando a princesa Diana morreu, em 1997, houve uma demonstração generalizada de pesar, a maior parte de gente que jamais a conheceu. Assim como entre os gregos e indianos na corte de Dário, havia uma diferença considerável de opinião a esse respeito. Quem participou da comoção pública obviamente sentiu que era apropriado, ao passo que quem não aderiu não conseguia entendê-la.

PENSE NISSO

Como você se sentiu sobre a comoção pública com a morte da princesa Diana? Por quê?

Mais uma vez, essa é uma questão de reflexão, em vez de uma pergunta que tenha resposta certa ou errada. Não é preciso conhecer uma pessoa para que ela ocupe um lugar importante em nossa vida. Quando Rudolf Valentino morreu, ocorreu algo semelhante. As pessoas acreditavam que tinham uma conexão pessoal com ele por assistirem a seus filmes. Se existe uma conexão genuína e forte com alguém que morre, então o sentimento de perda é apropriado. Portanto, a questão é saber se a conexão é genuína e forte. Mas se você sente que sim, que é genuína e forte, isso basta? E quando o pesar genuíno se torna excessivo?

Os estoicos tinham uma reputação de serem os indiferentes entre os filósofos antigos. É bem provável que tenham merecido isso. Eis o conselho de Sêneca para alguém que perdeu um amigo íntimo: "Suponha que alguém tenha perdido sua única camisa em um assalto. Não o considerarias um completo idiota se ele lamentasse a perda, em vez de buscar alguma forma de se proteger do frio?". Um amigo querido é como uma camisa perdida?

FIGURA CHAVE

Lúcio Aneu Sêneca (4 a.C.-65 d.C.)
Obras mais importantes: *Ensaios morais*, *Cartas*.

Originário de Córdoba, Sêneca mudou-se para Roma e gozou de uma carreira bem-sucedida na vida pública. Envolver-se em política tinha seus riscos. Embora tivesse sido professor de Nero antes de este se tornar imperador, Nero mais tarde decretou-lhe uma pena de morte.

Porém, se os estoicos adotavam uma opinião extrema, qual é a certa? Como de costume, é mais fácil fazer perguntas do que respondê-las. Uma coisa é certa: até chegar o tempo em que a imortalidade seja garantida para todos, a morte continuará sendo um problema inevitável a ser enfrentado no dia a dia.

E AGORA? Se você acreditasse que viveria para sempre, levaria a vida de um jeito diferente?

Morrer, meu caro doutor, essa é a última coisa que eu farei!
Lorde Palmerston (supostas últimas palavras)

24. Quem disse?

Sem risco não há fé.

Søren Kierkegaard

DO QUE SE TRATA? O dia a dia exige que você faça o melhor com o que está à disposição. Visto que não é possível saber tudo, acabamos confiando nas coisas e fazendo várias suposições. Não há nada errado em fazer suposições, contanto que você saiba que é isso que está fazendo. Porém, a confiança sempre acarreta um risco.

A fé assume várias formas no dia a dia. A noção de fé talvez seja encontrada com maior frequência no contexto religioso e, de fato, as religiões agora são muitas vezes *chamadas* de "fés". Sem dúvida, a fé exerce uma função em algumas religiões, ou em todas, e encontra sua expressão mais extrema nas palavras do teólogo Tertuliano: "É certo porque é impossível". Em seu extremo, a fé pode envolver acreditar no que parece ser inacreditável. No entanto, o dia a dia costuma envolver demonstrações de fé bem menos drásticas ou dramáticas. Em muitos aspectos, a fé é o que faz muita gente chegar ao fim do dia. A fé pode ser vista como a contraparte da forma antiga de ceticismo associada a Pirro. (→ 2) Os céticos recusavam-se a emitir juízos quando a evidência não fosse definitiva, o que significava que quase nunca emitiam juízos. A fé, por outro lado, envolve optar por acreditar em algo, apesar do fato de que as evidências não são definitivas. Se as evidências fossem definitivas, a fé não seria necessária. Como as evidências não são definitivas, sempre existe a possibilidade de estar errado. É por isso que Kierkegaard via uma conexão óbvia entre risco e fé. A fé é perigosa por natureza, porque sempre pode ser mal-empregada.

FIGURA CHAVE

Søren Kierkegaard (1813-1855)
Obras mais importantes: *Pós-escrito conclusivo não-científico*, *O conceito de angústia*, *temor e tremor*.

À exceção de um breve período em Berlim, Kierkegaard passou a vida inteira em Copenhague, desobrigado da necessidade de trabalhar pelo dinheiro herdado do pai. Muitos de seus livros foram originalmente publicados sob uma série de pseudônimos a fim de evitar a identificação próxima com as ideias que estava propondo.

Existencialistas como Kierkegaard tendem a atribuir grande ênfase à irracionalidade da fé, como se a observação feita por Tertuliano fosse a norma, e não o extremo. Em realidade, a maior parte das coisas na qual se tem fé é inteiramente possível. Embora seja desnecessária quando se tem certeza, a fé não precisa ser vista como o oposto da razão. Seguimos a rotina de acreditar que o sol nascerá amanhã, embora isso possa não acontecer. (→ 8) Não se trata de uma crença aleatória surgida do nada. É uma crença na qual se tem bons motivos para ter fé.

O dia a dia, portanto, parece nos apresentar três opções básicas. Onde a certeza está disponível, pegue-a. Onde a certeza não está disponível, você pode seguir o caminho dos antigos céticos e simplesmente suspender o julgamento, ou o caminho da fé, no qual você emite juízo e espera o melhor. Em termos do dia a dia, isso se chama apenas "fazer uma suposição". Se você comparar a suspensão do julgamento com fazer uma suposição, esta tem uma vantagem considerável: pode-se testar uma suposição e descobrir se ela é boa ou não. A fé abre a porta para o aprendizado de uma maneira que a suspensão do julgamento não consegue fazer. (→ 21)

Presumir que o sol nascerá amanhã é apenas o início. Presumo que o meu café da manhã não vai me envenenar, presumo que o meu escritório esteja no mesmo lugar de ontem, presumo que posso chegar lá seguindo o mesmo percurso feito ontem, e assim por diante. Nosso dia a dia é vivido contra o pano de fundo de uma grande quantidade de suposições. Não há nada errado em fazer suposições, contanto que você saiba que é isso que está fazendo. Quando convidava as pessoas de Atenas a participarem de discussões sobre vários tópicos, Sócrates revelava para si mesmo e para os outros como era pouco o que realmente sabiam e quanto era somente suposição. Quase nunca alguém considerava essa experiência agradável. Os antigos céticos entendiam isso. A preocupação principal deles não era o pouco que as pessoas realmente sabiam. O que mais lhes interessava era o sofrimento oriundo de se estar apegado a ideias que se mostravam falíveis.

No dia a dia, as suposições existem em todas as formas e tamanhos. Se estou tentando resolver um problema de álgebra, por exemplo, posso presumir que "$x = 1$" e ver como isso funciona. Se essa suposição não levar a lugar algum, posso voltar e tentar "$x = 2$", e assim por diante. Da mesma maneira, se estou tentando desvendar um código, posso presumir que "$A = 1$", e assim por diante. Nesses casos, faço suposições para ter um lugar por onde começar na minha tentativa de solucionar o problema. Não tenho um apego específico a nenhuma suposição e terei prazer em descartá-la se ela se mostrar inútil ou incorreta. Contudo, mesmo para os matemáticos, essas não são as suposições típicas com as quais se trabalha no dia a dia.

Suponha que eu tenha de sair de casa às oito da manhã para chegar ao trabalho às nove. Presumo que, quando o relógio da cozinha marcar oito serão oito horas. Se, um dia, eu sair de casa quando o relógio marcar oito e nada de incomum acontecer no caminho, mas perceber que são nove e meia quando chegar ao trabalho, posso concluir que o meu relógio está errado. Posso conferir isso comparando meu relógio com outro, ouvindo a hora no rádio, e assim por diante. Posso ser acusado de exagero se disser que o meu relógio *fez* eu me atrasar para o trabalho, porque fui eu quem tomou a decisão ao sair de casa, e não o relógio. (→ 10)

Contudo, não seria absurdo dizer que eu me atrasei *por causa do relógio*. Minha suposição de que o relógio estava certo orientou a minha decisão sobre quando sair de casa.

Esse é um exemplo relativamente trivial, mas mostra como as suposições orientam e modelam as decisões. A suposição de que o futuro será parecido com o passado orienta a tomada de decisão de um modo muito mais fundamental. Assim como as suposições sobre como o mundo é. (→ 12) E assim como as suposições sobre como as pessoas são. (→ 15, 20) Repetidas vezes neste livro tentei demonstrar que você tem opções sobre o que acreditar ou não. Porém, você só pode fazer uso da capacidade de escolher se estiver ciente de que tem uma escolha. Se fui levado a crer ser um fato incontestável que os seres humanos são maus por natureza, essa crença estará em segundo plano, modelando em silêncio todas as interações que eu tiver com qualquer ser humano. É por isso que eu disse, no início deste livro, que se você não estiver no controle de suas ideias, então elas podem estar controlando você.

É fácil testar a suposição de que o meu relógio está marcando o horário certo. Já a suposição de que os seres humanos são maus por natureza é mais difícil. Quanto mais básicas e gerais são as suposições, maior é o papel que desempenham ao modelar a forma como você percebe o mundo. Se eu presumir que os seres humanos são maus por natureza, prestarei atenção a tudo o que fizerem para confirmar a minha suposição. Quando agirem em contradição com o que eu havia suposto, tenho uma escolha. Posso abandonar (ou ao menos refinar) a minha suposição ou tentar encontrar uma maneira de conciliar a minha suposição com a minha experiência. Quanto mais enraizada a suposição, maior será a probabilidade de escolher a segunda alternativa. Por que alguns seres humanos maus por natureza fazem coisas que não são más? Porque têm medo de serem punidos! Visto de outro lado e elevado a um plano superior, esse é um problema teológico antiquíssimo: por que um deus onipotente e benevolente permite a presença do mal no mundo?

Os antigos céticos não estavam exagerando quando argumentavam que havia pouco ou nada de que se pudesse ter certeza absoluta. E não havia exagero entre os críticos do ceticismo quando argumentavam que a certeza absoluta era um padrão muito mais alto do que normalmente é necessário para o conhecimento no dia a dia. Você não está sendo irracional se decide viver *como se* não tivesse dúvida alguma de que o sol nascerá amanhã. Você *está* sendo irracional se argumentar ser absolutamente impossível que o sol não nasça amanhã. (→ 9) O que se descobre ao praticar a vida examinada (→ 1) é que, no reino do "como se", você está no controle, porque sempre pode escolher outro "como se". Você pode optar por viver cada dia como se o mundo fosse acabar amanhã. Se você confundir o "como se" com fatos inalteráveis e incontestáveis, está se vendendo por pouco.

> **PENSE NISSO**
>
> *Como você viveria hoje se acreditasse que o mundo acabaria amanhã?*
>
> Não se trata de uma pergunta puramente hipotética, porque de tempos em tempos surge um movimento que consegue persuadir seus seguidores de que o mundo está prestes a acabar. Houve centenas deles, grandes e pequenos, no decorrer da história humana. Não se observa um padrão único de comportamento porque depende, em grande medida, do que as pessoas acreditam que acontecerá depois. O fim do mundo é o fim de tudo? Ou é o prelúdio para algo melhor? E, se for, para todos ou somente para alguns?

Não há nada errado em fazer suposições, contanto que você esteja no controle delas. Quando você não está ciente de que está fazendo suposições, pode criar uma confusão entre como você *presume* que as coisas são e como as coisas *realmente* são. Nesse caso, as suposições estão controlando você. Quanto pior é a pressuposição, maior será o dano causado por ela.

E AGORA? O que seria preciso para convencer você de que o sol não nascerá amanhã?

Meço nosso progresso pela extensão com que o que clamamos no deserto há 35 anos hoje faz parte das suposições de homens e mulheres comuns.

Clement Attlee

25. A vida examinada revisitada

A filosofia não é uma doutrina, mas sim uma atividade.
Ludwig Wittgenstein

DO QUE SE TRATA? Revisando o que foi dito e antevendo o que virá, o que este livro lhe diz sobre filosofia e o dia a dia? E o que você fará com ele?

Qualquer que tenha sido o caminho adotado para percorrer este livro, ao chegar a este capítulo você já terá feito um progresso considerável. Embora este livro não seja um curso de filosofia, você já deve ter adquirido alguma compreensão sobre o que é filosofia e sobre como ela se relaciona com o dia a dia. Alguns dos tópicos abordados são bastante amplos, como em que acreditar (→ 2), justiça (→ 17) e linguagem (→ 22). Outros têm escopo mais limitado, como compra e venda (→ 13) e morte (→ 23). Isso reflete o fato de que, no dia a dia, você costuma aplicar princípios gerais (→ 7) a situações e práticas específicas. Você pode estar sempre tentando pensar logicamente (→ 4), mas *sobre* o quê está tentando pensar varia, por vezes até mesmo de um minuto para o outro.

Acima de tudo, este livro ofereceu atividades para você *fazer*. Os exercícios, problemas e perguntas que aparecem em todos os capítulos não são itens suplementares. Eles são fundamentais, porque a vida examinada em si é algo que se faz. Conforme destaquei no início deste livro (→ Introdução), durante boa parte do tempo vivemos em um tipo de piloto automático mental. Até certo ponto, isso é inevitável. A vida é breve demais para se dar ao luxo de poder entrar em uma agonia eterna a respeito de todas as decisões que devem ser tomadas no dia a dia. Aprender habilidades, como dirigir um carro, significa que você pode fazer inúmeras coisas "sem pensar", e é evidente que isso tem suas vantagens práticas. E se você aprendeu a dirigir mal? Então existe uma boa possibilidade de se envolver em um acidente, o que nem de longe seria algo vantajoso. E se o seu piloto automático mental estiver levando você na direção errada? Então existe uma boa possibilidade de que você não logre viver o tipo de vida que gostaria. A vida examinada ajuda a descobrir como o piloto automático está programado e, se necessário, reprogramá-lo para ajudar a chegar aonde realmente se quer ir. Não é um exercício para ser feito uma só vez na vida. Você precisa estar sempre prevenido contra a perda de consciência, para não esquecer por que acredita no que faz. Você precisa sempre refletir sobre suas crenças e, se necessário, atualizá-las. A vida examinada envolve o desenvolvimento de bons e novos hábitos para substituir hábitos antigos e ruins.

Se eu tivesse de resumir este livro a seus elementos mais básicos, diria que esses elementos consistem em duas palavras, e ambas são comandos: "pare!" e "pense!". Todos os capítulos deste livro convidam você a parar e pensar sobre isso ou aquilo. Você precisa parar para ter tempo de refletir sobre o que está pensando, sobre o que está fazendo, sobre o que está dizendo e por quê. O próprio ato da reflexão deixa você imediatamente mais ciente dessas coisas. Assim que está ciente, você pode examinar.

Como fazer para examinar? Você pode perguntar: "Isso é consistente?" (→ 7). Você pode perguntar: "Isso é lógico?" (→ 4). Você pode perguntar: "Devo acreditar nisso?" (→ 2). Você pode perguntar: "Isso é possível?" (→ 9). E assim por diante. Por meio da análise, você se torna mais ciente, mais capaz de ver como as coisas são e mais lúcido sobre as opções disponíveis. O próprio fato de se tornar mais ciente de que *existem* opções é um passo fundamental para ter maior controle de sua vida.

Nada disso é fácil, mas ninguém jamais acusou Sócrates de vender uma cura mediante repouso. A vida examinada exige trabalho duro. E vale a pena? Seria difícil argumentar que a filosofia está no ramo da entrega de gratificação instantânea, e talvez, por vezes, a ignorância seja mesmo uma bênção. Meu veredito seria de que, acima de tudo, a vida examinada tem a ver com clareza. Quanto mais claro você está sobre quem é, o que é, o que deseja da vida e como está preparado para obtê-lo, mais claro será o seu pensamento, a sua compreensão e a sua percepção; maior será a probabilidade de escolher uma boa vida e de viver a vida escolhida. Isso pode não ser tudo, mas sem dúvida é algo.

E AGORA? O que acontecerá daqui para frente é com você. Espero ter conseguido demonstrar que a filosofia é uma atividade que vale a pena e que pode melhorar a qualidade da vida. Contudo, embora outras pessoas, e outros livros, possam ajudar você a pensar por si mesmo, somente você pode de fato fazer isso.

A claridade da mente significa a claridade da paixão.

Blaise Pascal

Leituras recomendadas

O dia a dia não é um tópico da filosofia; é do que se trata a filosofia. Se você for picado pelo bichinho da filosofia, deve ir aonde ela o levar. A seguir, são listadas algumas sugestões para indicar alguns caminhos úteis.

Este livro não tentou apresentar uma visão geral sistemática da filosofia. Se você está interessado nisso, então pode dar uma olhada em:

RUSSELL, Bertrand. *História da filosofia ocidental*. São Paulo: Companhia Editora Nacional, 1969.

Foi o primeiro livro de filosofia que eu comprei e continua sendo um bem estimado. Embora outras histórias tenham sido publicadas, ele escreve com um estilo e uma sagacidade que, na minha opinião, são inigualáveis.

Também seria útil ter um dos vários dicionários de filosofia disponíveis. Eu particularmente gosto deste:

Penguin Dictionary of Philosophy. Londres: Penguin, 2005.

Editado por Thomas Mautner, um dos destaques são os autorretratos contribuídos por uma série de filósofos do século XX.

Várias pessoas, inclusive eu, acreditam que filosofia antiga costuma falar mais diretamente às questões do dia a dia do que boa parte da filosofia moderna. Explico esse ponto de vista em:

CURNOW, Trevor. *Ancient Philosophy and Everyday Life*. Newcastle upon Tyne: Cambridge Scholars Publishing, 2006.

Outro livro sobre o mesmo assunto é:

HADOT, Pierre. *Que é a filosofia antiga?* São Paulo: Edições Loyola, 1999.

Por incrível que pareça, os filósofos antigos também podem oferecer uma leitura agradável nas próprias palavras. Um exemplo preferido meu é:

EPICTETUS. *The Discourses, The Handbook, The Fragments.* Nova York: Everyman, 1995.

Um dos filósofos mencionados com maior frequência neste livro é Sócrates. Se você tem interesse em descobrir mais sobre ele e sua filosofia, então deve começar com:

PLATO. *The Last Days of Socrates.* Londres: Penguin, 2003.

Inclui o texto integral do *Eutífron* comentado no Capítulo 1 deste livro.

Outro filósofo que é bastante mencionado por mim está longe de ser antigo – Ludwig Wittgenstein morreu em 1951. Boa parte dos seus escritos são de difícil leitura, por isso é melhor começar com uma introdução a sua vida e obra, como:

HEATON, J.; GROVES, J. *Introducing Wittgenstein.* Cambridge: Icon Books, 2009

Se você prefere buscar recursos on-line, um bom lugar pra começar é a Enciclopédia de Filosofia de Stanford, que pode ser encontrada em:

http://plato.stanford.edu/contents.html

Ela conta com uma ampla cobertura e alguns contribuintes excelentes, embora parte das entradas possa ser complexa para iniciantes.

Índice remissivo

A

abandono de hábitos 156
Abelardo, Pedro 36
abuso 37, 48
ad hominem 34-35
ad populum 34-35
Agostinho 72, 76
Albert, Prince 146
álcool 87
aleatoriedade 108
Alexandre, o Grande 21, 32
alimento, como item cultural 79
Allen, Woody 143, 145
amante de Lady Chatterley, O 122-123
amizade 47, 86
apaixonar-se 82
Apolo, templo de 96
aposta de Pascal 68
aprendizagem 134, 136
aprisionamento 112
Aristóteles 31-32, 85
Arouet, François-Marie *ver* Voltaire 121
Arriano 60
asno de Buridan 21, 69
astronautas da Apollo 105
átomos 144
Attlee, Clement 154
autoconhecimento 96-98
autoconsciência 45, 52, 67
autointeresse 98, 128, 131
autoridade, apelo à 34
autorreferência 27
Aytoun, Sir Robert 42

B

Bacon, Francis 96
bandeiras nacionais 91
Bannister, Roger 62
barganha 25
Barthes, Roland 92-93
Beatles 86
bem-estar dos animais 115
Bentham, Jeremy 115
Blair, Tony 53
budismo 97
Bunyan, John 135
Burgess, Anthony 78
Burns, Robert 83
Bush, George W. 53

C

Carlos II, rei 116
Carlyle, Thomas 90
Carnegie, Dale 86
Carroll, Lewis 29
cartéis 129
castelo de areia 144
cativeiro 66
censura 70, 122-124
certeza 20-22, 28, 39, 55, 69, 132, 136, 143, 150, 153
ceticismo 18-22, 149, 153
ciência 56, 61-62, 145
Cinema Paradiso 124
cisnes 55
clareza 32, 36, 79, 81-82, 116, 137, 157
Clarke, Arthur C. 61
clima 116, 144

cocaína 87
Como fazer amigos e influenciar pessoas 86
competição 131
comportamento aceitável 52
compras 84
comunicação 28, 90, 94
"conhece-te a ti mesmo" 63
conhecimento 20, 36, 55-57, 61-62, 81, 97-98, 123, 127, 132-134, 153
consistência 45, 49-50, 52-53, 58, 108
conteúdo, forma vs. 30-32
contexto 102, 103, 105, 110, 149
continuidade física 39, 41
convenções 25, 79-80, 94, 146
conversão religiosa 82
Cook, Peter 136
cooperação 128, 131
criação 81
criatividade 106
Cristina, rainha da Suécia 19
culpa 52, 70-71
cultura, natureza vs. 99

D

Dalai Lama 145
daltonismo 82
Dário, rei 146-147
de Bono, Edward 106
Declaração de Independência dos Estados Unidos 114
Declaração Universal dos Direitos Humanos 117-118
Delfos 96-97
democracia 138-140
Descartes, René 18-20
deveres 118, 131
Dewey, John 132

Dez Mandamentos 116
Diana, princesa 147
Dick, Philip K. 142
dilema de Eutífron 16-17
dilema dos prisioneiros 127-128, 131
Diógenes de Sínope 79
direitos humanos (direitos naturais) 115, 117
direitos legais 114-115, 117
direitos morais 114
direitos naturais (direitos humanos) 115-117
Disraeli, Benjamin 28
dogmatismo 22
Donne, John 126
drogas 75, 87, 134
Dudley, Thomas 69-70
dúvida sistemática 19, 22

E

Eliot, T. S. 95
empatia 52
Empédocles 143-144
energia 145
Epicuro 143-145
Epiteto 60, 64
erro de categoria 138
escravidão 85-86
esposas de Stepford, As 59
estados 68, 91
Estados Unidos, bandeira dos 91
estoicos 27, 147-148
estrelas e listras 91
etiqueta 80-81
existencialismo 70

F

falácias 34-36
falso dilema 35

fé 149-150
Ferber, Edna 123
filósofos, cobrança de serviços de 85
fim do mundo 133, 153
física, leis da 56
forma, conteúdo vs. 30-32
Franklin, Benjamin 76
Freud, Sigmund 87, 98

G

Gandhi, Mahatma 108
genocídio 48
Gilbert, W. S. 111
Golding, William 129
Grant, Hugh 89

H

hábito 14, 21-22, 24, 106, 142
HAL 44
Hawking, Stephen 76
Hegel, G. W. F. 119
Heisenberg, Werner 22
Heráclito de Éfeso 54
Heródoto 146
Hidden Persuaders, The 92
hipocrisia 52, 124
hipóteses 22, 62
Hobbes, Thomas 115-116, 118, 130
honestidade 52
Hume, David 97-98, 130
Hussein, Saddam 53

I

identidade contínua 39, 45
identidade profissional 94
imagem de igualdade 93
impossibilidade 60-63, 146

absoluta/lógica 60-61, 63
científica 61-62, 146
prática 63
incerteza 22, 132, 143
indução 55-56
inocência, estado de 130
integridade 52
inteligência 45, 121
Ionesco, Eugène 59
Iraque, invasão do 53
Irmãos Marx 107
Iugoslávia, antiga 129

J

James, Henry 134
James, William 132-134
Jardim 144
Jesus de Nazaré 49
jornada, vida como 135
julgamento, suspensão do 21-23, 150
Jung, Carl 98
justiça 109-112, 121, 123, 155

K

Kafka, Franz 104
Kant, Immanuel 48-50, 52, 74-75
Keynes, John Maynard 131
Kierkegaard, Søren 149-150
Killy, Jean-Claude 65
Klingons 44
Kurosawa, Akira 82

L

Lawrence, D. H. 48, 122
Leacock, Stephen 81
lei da identidade 37
leis da natureza 56-57

liberdade 66
Liceu 32
limites, conhecer seus 63
linguagem 45, 66, 81-82, 132, 137, 141-142, 155
linguagem e pensamento 141
linguística 92
Locke, John 43, 45-46, 146
lógica 29, 31, 34-37, 49, 55, 60-62, 133, 146
ver também indução
lógica dedutiva 29

M

Madison, James 101
Maharshi, Ramani 97
mal 14, 24-25, 59, 69, 83, 94, 99, 119, 123, 125, 150, 152, 156
mal-entendidos 83
manipulação 141-142
Mao Tse-Tung 93
Marx, Karl 108-109
McCarthy, Senador Joseph 58
McLuhan, Marshall 77
mensagens 90, 93-94
mentiras 25-26, 28, 84
 consistência em 28
 para evitar danos 26
 triviais 26
mercadorias 84-85, 88
Metamorfose 104
Mikado, O 111
Milligan, Spike 84, 86
Mill, John Stuart 125
misticismo 134
Mitologias 92
Montaigne, Michel de 27-28
Moore, G. E. 138
moralidade, religião e 16
morte 10, 14, 40, 69-70, 115, 120, 141, 143-148, 155
 cor da 147
 vida após a morte 145-146
mudança 39, 41, 54, 59, 103, 105
multas 112
múltiplas personalidades 57-58

N

"Não matarás!" 116, 118
nascer do sol 56
natureza
 estado de 129-130
 leis da 56-57
natureza, cultura vs. 99
natureza humana 96, 98-101, 129-130
navio de Teseu 38, 41
necessidade 22, 52, 87, 98, 108-109, 120, 145, 150
Nero, imperador 148
non sequitur 35
normalidade 58
Novilíngua 141

O

obscenidade 122
Only Fools and Horses 38
Orton, Arthur 41
Orwell, George 141

P

Packard, Vance 92
palavras aleatórias 106
Palmerston, Lorde 37, 148
papo de negócio 25-26
Parmênides 74
Pascal, Blaise 68, 157
paternalismo 123

163

Patočka, Jan 10
Peirce, Charles Sanders 132-133
pensamento lateral 106
peregrino, O 135
perguntas 17-18, 24, 45, 82, 84, 114, 129, 140-141, 148, 155
perseguição 10
personalidades, múltiplas 57-58
pesar 147
pessoas 9-10, 13-17, 22, 24-25, 27-29, 34, 39-41, 43-44, 46-48, 50, 52, 56-58, 62-63, 66-67, 69-71, 73-74, 79, 80-88, 91, 93-94, 96-100, 103-104, 108-112, 114-115, 119-127, 129-131, 133, 138, 140, 142, 144-147, 151-153, 157
   definições 43, 45-46
   seres humanos vs. 43-48, 85, 96, 99, 115, 145-146, 152
piloto automático mental 9, 155-156
Pirro de Élis 18, 21
pirronismo 18
"Pista de corrida" 73-74
Platão 14, 16, 32, 85
Pôncio Pilatos 24
ponto de vista otimista vs. pessimista 99
post hoc ergo propter hoc 35
pragmatismo 132-133
prazer 19, 54, 136, 151
previsibilidade 55, 57-59
princípio da incerteza 22
princípios 28, 49-50, 52-53, 56, 64, 67, 98, 108, 110-111, 115, 131, 155
problema do "mentiroso de Creta" 27

propaganda 91-92, 95, 141
prostituição 86-87
psicoterapia 98

Q

questão complexa 35

R

racionalidade 45
Rashomon 82
Rawls, John 110-111
realidade 50, 58, 62, 67, 71, 78-83, 103, 127, 142, 150
   pessoal 81
   social (compartilhada) 79-81
reencarnação 144
reenquadramento 105
refinamento 134-135
reflexão 14, 43, 52, 67, 106, 121, 134-135, 146-147, 156
regra de ouro 50, 53, 111
regras 25, 29, 50, 74, 80
relevância 10, 103, 105, 109, 123
religião 16-17, 68, 82
   moralidade e 16
repetição 134-135
requerente de Tichborne 40-41
respeito 21, 26-27, 31, 47-48, 82, 84, 86, 106, 110, 114, 121, 128, 147, 156
responsabilidade 66, 69-71
   fugir da 70
retorno de Martin Guerre, O 41
retorno de um estranho, O 41
rigidez 108
Rousseau, Jean-Jacques 130
Rushdie, Salman 120
Russell, Bertrand 17

S

sacrifícios 69, 127
Saki 24
Sartre, Jean-Paul 70, 71, 98
Schutz, Alfred 102-104
semeion 92
semiologia 92, 132
Sêneca, Lúcio Aneu 143, 148
senhor das moscas, O 129
sentenças jurídicas 111, 127
sentimentos 67, 97
seres humanos, pessoas vs. 43-48, 85, 96, 99, 115, 145-146, 152
Shaw, George Bernard 66, 113
significado 45, 90-95, 121, 138, 140, 142, 147
   tipos de 90
signos 92, 94-95
   e convenções 94
silogismos 32, 36
Simpsons, Os 40
sinais 22
Skelton, Robin 18
Sócrates 10, 13-16, 30-33, 74, 85, 96-97, 108, 119, 143, 151, 156
   e outros filósofos 14, 74, 85
   e vida examinada 13-16, 96-97, 156
   morte 10, 14, 143
sonhos 98, 104
status social 94
Stephens, Edward 69-70
Stevenson, Adlai 53
Sullivan, Sir Arthur 111
superstições 35
suposições, fazer 15, 25, 43, 59, 72, 81-82, 97, 105, 135, 149, 151-154

T

tabaco 87
televisão, censura 123, 124
tempo 72-77
   como dinheiro 76
   direção do 72, 76
   economia de 76
   flecha do 76
   teoria dos jogos 128
Tertuliano 149-150
Tichborne, Lady Henriette 40-41
Tichborne, Roger Charles 40-41
tolerância 120-122, 125
   política 121
   religiosa 121
transtorno dissociativo de identidade 57
Tratado da natureza humana 97
três máscaras de Eva, As 57
Trocando as bolas 88

U

Unamuno, Miguel de 23

V

Valentino, Rudolf 147
validade, verdade vs. 30-32, 34
Vampiros de almas 58
vassoura de Trigger 38
velocidade da luz 73, 102-103
vendas 128
verdade
   dizer a 25, 27-28, 84
versos satânicos, Os 120
vestuário 17, 94
viagem 44, 67, 79, 105
vida
   após a morte 145-146
   como viagem 135

direito à 116, 118
significado da 90
vida examinada 13, 15-16, 84, 119, 134, 147, 153, 155-157
violência 122, 124
Vitória, rainha 146
Voltaire 120-121, 125
votação 34
votação eleitoral 14

W

Waismann, Friedrich 45
Washington, George 24

Williams, Bernard 39-41
Williams, Shirley 40
Wittgenstein, Ludwig 9, 11, 137-141, 145, 155
Woodward, Joanna 57

X

Xantipa 14

Z

Zenão de Eleia 73-74

"3 Rs" 134
1984 141

Sobre o autor

Trevor Curnow nasceu em Cornwall e atualmente é professor de filosofia da Universidade de Cúmbria (Inglaterra). Lecionou filosofia para todos os níveis, desde totalmente iniciantes até doutorandos. Abandonou o primeiro emprego de professor, pegou um ônibus em Katmandu para viajar de mochila pela Ásia por um ano ou dois e voltou pela ferrovia Transiberiana. Depois lecionou filosofia na Universidade de Cartum, no Sudão, até a intervenção de um golpe de Estado. Trabalhou fora do mundo acadêmico diversas vezes como jornalista, pesquisador e entregador de jornais. Publicou uma série de livros sobre filosofia, inclusive *Ancient Philosophy and Everyday Life* [Filosofia antiga e o cotidiano]. Também é uma autoridade com reconhecimento internacional sobre oráculos e o estudo da sabedoria.

IMPRESSÃO:

Pallotti
GRÁFICA EDITORA
IMAGEM DE QUALIDADE

Santa Maria - RS - Fone/Fax: (55) 3220.4500
www.pallotti.com.br